O Funcionalismo Sistémico de N. Luhmann e os Seus Reflexos no Universo Jurídico

O Funcionalismo Sistémico de N. Luhmann e os Seus Reflexos no Universo Jurídico

2018

António Manuel de Almeida Costa
Faculdade de Direito da Universidade do Porto

ALMEDINA

O FUNCIONALISMO SISTÉMICO DE N. LUHMANN E OS SEUS REFLEXOS NO UNIVERSO JURÍDICO

AUTOR
António Manuel de Almeida Costa

EDITOR
EDIÇÕES ALMEDINA, S.A.
Rua Fernandes Tomás, nºs 76-80
3000-167 Coimbra
Tel.: 239 851 904 · Fax: 239 851 901
www.almedina.net · editora@almedina.net

DESIGN DE CAPA
FBA.

PRÉ-IMPRESSÃO
EDIÇÕES ALMEDINA, SA

IMPRESSÃO E ACABAMENTO
Vasp - DPS

Agosto, 2018

DEPÓSITO LEGAL
444240/18

ALMEDINA | GRUPOALMEDINA

BIBLIOTECA NACIONAL DE PORTUGAL – CATALOGAÇÃO NA PUBLICAÇÃO

COSTA, António Manuel de Almeida

O funcionalismo sistémico de N. Luhmann
e os seus reflexos no universo jurídico
ISBN 978-972-40-7608-9
CDU 340

Escrito de homenagem ao
Senhor Professor Doutor António Castanheira Neves

APRESENTAÇÃO

O presente estudo tem mais de vinte anos. A sua elaboração obedeceu ao propósito de condensar, para uso próprio, as traves-mestras de uma construção teórica dotada de uma particular complexidade e que, ao tempo, havia penetrado nos domínios penal e processual-penal, influenciando uma parte significativa da doutrina portuguesa e estrangeira. Tratava-se de um longo apontamento destinado a servir de suporte a futuras investigações. Nesse contexto, as múltiplas notas de rodapé (que permanecem, no essencial, inalteradas) constituíam uma espécie de ficheiro, onde se guardavam referências bibliográficas e se transcreviam excertos de obras consideradas relevantes.

De modo reservado, o texto circulou por alguns Colegas, que de há muito insistem na conveniência da respectiva publicação. Só agora cedo a tais incentivos. Exceptuados pequeníssimos retoques de pormenor e a conclusão, o escrito mantém o teor originário, limitando-se ao simples enunciado dos traços fundamentais e dos aspectos críticos da concepção sistémica-funcional de Niklas Luhmann. Conserva, por isso, a natureza de um mero apontamento, que se deseja útil como ponto de partida para os que pretendam desenvolver o tema. Acresce que, atenta a índole do correspondente objecto, se ajusta ao cumprimento do gostoso dever de celebrar a Pessoa a quem sucessivas gerações agradecem a iluminação para os importantes problemas da filosofia e da metodologia do direito: o Senhor Doutor António Castanheira Neves.

ÍNDICE

APRESENTAÇÃO 7

SIGLAS E ABREVIATURAS 11

1. Breve referência aos pressupostos onto-epistemológicos e ao método de análise da teoria sistémica-funcional de N. Luhmann 13

2. Caracterização do sistema jurídico na primeira fase da obra de N. Luhmann (paradigma da «diferença sistema/ambiente»). Referência sumária à análise pessoal-funcional de H. Schelsky 42

3. A segunda fase da obra de N. Luhmann: o paradigma dos sistemas auto-referentes (autopoiéticos) e as suas repercussões no sistema jurídico 80

BIBLIOGRAFIA CITADA 93

SIGLAS E ABREVIATURAS

AöR – Archiv des öffentlichen Rechts
ARSP – Archiv für Rechts- und Sozialphilosophie
BFDC – Boletim da Faculdade de Direito da Universidade de Coimbra
DocPen – Doctrina Penal
JLS – Journal of Law and Society
RLJ – Revista de Legislação e de Jurisprudência
RPCC – Revista Portuguesa de Ciência Criminal
ZfS – Zeitschrift für Soziologie
ZStW – Zeitschrift für die gesamte Strafrechtswissenschaft

1. Breve referência aos pressupostos onto-epistemológicos e ao método de análise da teoria sistémica-funcional de N. Luhmann

Conhece-se a influência, a vários níveis, da sociologia funcionalista na literatura penal contemporânea, em particular das concepções de N. LUHMANN[1]. Numa primeira aproximação, pode dizer-se que, no tocante ao universo jurídico, o conteúdo essencial das teses do autor se condensa na assunção do direito como um sub-sistema social dirigido à «estabilização/generalização de expectativas normativas de conduta»[2].

Para a compreensão do que vai envolvido na afirmação precedente, importa sublinhar que, embora divergindo dos pressupostos epistemológicos do positivismo tradicional, a perspectiva de LUHMANN assenta numa base que, em última análise, se apre-

[1] A título meramente exemplificativo, como penalistas em que se torna nítida, com amplitude e em planos diversos, a influência da sociologia sistémica de T. PARSONS e N. LUHMANN, assinalem-se K. AMELUNG, *Rechtsgüterschütz*, pp. 350 e ss. e 366 e ss., G. JAKOBS, *Strafrecht*², pp. 6 e ss. e 35 e ss., e, entre nós, J. FIGUEIREDO DIAS/M. COSTA ANDRADE, *Direito Penal* (polic. – 1996), pp. 38 e ss. e 55 e ss., M. COSTA ANDRADE, *Consentimento*, pp. 32 e ss., IDEM, *RPCC* 2, pp. 173 e ss., e J. FIGUEIREDO DIAS, *Direito Penal. PG* I², pp. 30 e ss. e 113 e ss. (apesar de se ter afirmado na «Apresentação» que as referências bibliográficas se cingiriam, no essencial, às do texto originário do presente estudo, afigura-se justificado abrir uma excepção para a última obra indicada).

[2] Cfr., *infra*, texto correspondente às notas 70 e ss.

senta muito próxima da que subjaz ao cientismo naturalista. Não obstante recuse a solução determinista, continua a assumir a realidade em termos causais, circunscrevendo a investigação à observação dos fenómenos empíricos e à sua posterior reprodução em conceitos ou proposições susceptíveis de comprovação/falsificação[3]. De acordo com semelhante redução empírico-causal da realidade, nega autonomia à dimensão axiológica: os fins e os valores que pautam o quotidiano da existência e, em geral, toda a cultura mais não constituem do que «epifenómenos», por detrás dos quais se esconde o genuíno significado das coisas. Neste ponto, em sintonia com a aludida divergência epistemológica, o cerne da oposição às teses positivistas consiste na recondução daquela «ordem subterrânea dos factos», *não* a uma rede de conexões definidas em moldes causais-deterministas, mas a «funções» ou «nexos funcionais» (explícitos ou latentes), que levam implicado o encadeamento dos concretos fenómenos em unidades estratégicas (= sistemas), *i.e.*, em operatórias subordinadas a uma lógica de meio/fim[4].

Na verdade, LUHMANN parte da assunção de uma realidade (*rectius,* realidade «empírica») decomposta em sistemas, entendidos os últimos como conjuntos de acções ou dispositivos («elementos») que

[3] Acerca das dificuldades e do particular modo a que deve obedecer a verificação/validação empírica das análises da teoria sistémica-funcional, N. LUHMANN, *Soziologische Aufklärung* I, pp. 23-25 e IDEM, *Soziale Systeme,* pp. 7, 83 e esp. 90-91; analogamente, R. MERTON, *System, change and conflict,* p. 46.

[4] A este propósito – numa linha que remonta a T. PARSONS, *The structure of social action* I, pp. 3 e ss. (esp. 6 e ss. e 27 e ss.) e 43 e ss., e II, pp. 731 e ss. (esp. 733-734) e 737-748, IDEM, *The social system,* pp. 3 e ss., e R. MERTON, *Social theory and social structure,* pp. 100 e ss. e 114 e ss. (também reproduzidas em IDEM, *System, change and conflict,* pp. 9 e ss., esp. 38 e ss. e 53 e ss.) –, cfr. N. LUHMANN, *Soziologische Aufklärung* I, pp. 41-42 e esp. 45-48 e 69-72 (como concretizações do mesmo ponto de vista, cfr., ainda, *ob. cit.*, pp. 10-13, 16, 36 e 179)), IDEM, *Funktionen und Folgen formaler Organisation,* pp. 18 e ss., IDEM, *Grundrechte,* pp. 201 e ss., e IDEM, *AöR* 94, pp. 8-9 e 10-11. Em sentido convergente, atribuindo aos valores e normas sociais um carácter fungível, cujo significado se esgota na «redução da complexidade», IDEM, *Legitimation,* pp. 23-25.

se articulam com vista à produção de um efeito *(Wirkung)* e, na unidade do seu peculiar *modus operandi*, se autonomizam do ambiente circundante *(Umwelt)*[5]. Trata-se de um aspecto comum a todas as orientações funcionalistas. Apesar das profissões de fé antimetafísicas, a novidade da tese de LUHMANN radica na diferença dos respectivos pressupostos ontológicos. Em particular, numa diversa compreensão da causalidade naturalística e na defesa da relativa indeterminação ou variabilidade do «ser». Esta uma constante que perpassa as duas grandes fases da obra do autor, a que se aludirá adiante[6].

Quanto ao ponto em apreço, a sua concepção inscreve-se na linha que marcou a evolução do pensamento sociológico desde o século XIX até à actualidade, cuja matriz LUHMANN reconduz ao trânsito de uma perspectiva «factorial» *(Faktortheorien)* para uma perspectiva «sistémica» *(Systemtheorien)*[7]. Fiel aos postulados do positivismo clássico, a referida orientação factorial entendia o mundo (aí incluída a realidade social) em moldes deterministas, assimilando-o a um somatório de relações invariáveis de causa/efeito. Numa palavra, a cada efeito corresponderia uma única causa e, ao invés, a cada causa um único efeito, restringindo-se o objecto da sociologia à investigação e subsequente reprodução dos fenómenos empírico-sociais dentro de semelhante quadro explicativo.

[5] Confirmado o exposto, no contexto de uma concepção que identifica a realidade com a «realidade empírica», cfr., por exemplo, N. LUHMANN, *Soziologische Aufklärung* I, pp. 36 e ss., 38 e ss. e 47-48, e IDEM, *Soziale Systeme*, pp. 15-17 (relacionadas com p. 10 (2.)) e esp. 30 e ss.

[6] Sobre as duas fases da obra de LUHMANN, normalmente designadas como envolvendo a passagem do «paradigma da diferença sistema/ambiente» *(Paradigma der System/Umwelt-Differenz)* para o «paradigma dos sistemas auto-referentes (autopoiéticos)» *(Paradigma selbstreferentieller/autopoietischer Systeme)*, cfr., *infra*, texto correspondente às notas 18 e ss., 28 e ss. e 186 e ss.

[7] Cfr. N. LUHMANN, *Soziologische Aufklärung* I, pp. 70-71 e 74-75, neste ponto concordante com a análise de T. PARSONS, *The structure of social action* I, pp. 51-74 e 87-125. Num sentido diverso, apontando para uma articulação das orientações factorial e sistémica, cfr. A. GOULDNER, *System, change and conflict*, pp. 166- 169.

Ainda que de forma atenuada, este enfoque causal-determinista continuaria a afirmar-se na primeira sociologia sistémica, condensada nas chamadas teorias «funcionais-estruturais» *(strukturell-funktionale Theorien)*. Sobretudo por influência da biologia, as últimas atribuíam ao sistema um substrato ou conteúdo nuclear *(Bestand)* estável e preestabelecido, *i.e.*, dotado de consistência ontológica, explicando todas as suas prestações *(Systemleistungen)* como respostas causalmente determinadas por aquele *Bestand* e cujo significado se resumia a uma ideia de autoconservação no confronto com a *Umwelt*[8].

Segundo LUHMANN, a precedente visão das coisas não encontra, desde logo, confirmação no universo da realidade social. A este nível, a simples experiência revela que a verificação de um facto convoca, no tocante às suas génese e consequências, várias alternativas plausíveis, não se mostrando viável enquadrá-lo no contexto de relações invariáveis de causa/efeito[9]. Acresce que – e aí residiria o aspecto mais importante – tal modelo explicativo não se apresentaria consentâneo com as conclusões da ciência moderna, para a qual a realidade se desdobra numa teia complexa de nexos de causalidade, onde os efeitos têm um número infindável de «possíveis causas» e, bem assim, as causas um número infindável de «possíveis efeitos»: cada causa pode combinar-se com outras ou ser substituída por outras (o mesmo sucedendo a propósito dos efeitos), circunstância que, contrariando o ontologismo substancialista das orientações tradicionais, confere à relação de causalidade um carácter de *indeterminação* que, por seu turno,

[8] Cfr. N. LUHMANN, *Soziologische Aufklärung* I, pp. 10-11, 18-19, 31 e ss., 70-71 e 74-75; para uma referência crítica a algumas das teses de orientação causal-determinista (*v.g.*, as construções de MALINOWSKI, PARSONS, CANNON, NAGEL e GOULDNER), cfr., *ob. cit.*, pp. 11-13; defendendo a perspectiva funcional-estrutural (funcional-sistémica), T. PARSONS, *The social system*, pp. 19-22. No presente contexto, ver, ainda, N. LUHMANN, *Soziale Systeme*, p. 86.

[9] N. LUHMANN, *Soziologische Aufklärung* I, pp. 10-11, 13, 15, 18-19, 32-33 e 43-44; de modo análogo, no contexto da crítica ao funcionalismo de base causal-determinista, *ob. cit.*, pp. 11-13.

condiciona a atribuição à realidade (empírica) de uma natureza aleatória e fungível[10].

Em conformidade, LUHMANN recusa ao sistema um conteúdo nuclear *(Bestand)* fixo e preestabelecido. De realidade *a se*, a cuja autoconservação se encontrariam causalmente adstritas as respectivas prestações, a concreta configuração, *i.e.*, a estrutura do sistema converte-se num simples meio ou instrumento (fungível) para a realização de um fim. O centro de gravidade desloca-se, pois, da «estrutura» para a «função», observando-se o trânsito de uma teoria funcional-*estrutural* para uma compreensão estrutural-*funcional* do sistema, perspectiva de que derivam importantes consequências quanto aos objectivos e à metodologia da investigação[11].

Na verdade, em face do que apelida de desfasamento entre a aludida concepção ontológica da causalidade e os dados da experiência, LUHMANN avança um outro caminho. Arrancando da indeterminação das relações de causa/efeito, opera uma cisão destes dois elementos e isola, como constante *(Konstant)* ou ponto de referência *(Bezugspunkt)*, apenas um deles (*i.e.*, a «causa» ou o «efeito»), centrando a análise na procura das várias possibilidades que, do «outro lado» da relação causal, podem hipoteticamente corresponder-lhe. Àquele *Bezugspunkt* reconduz LUHMANN o conceito de função *(Funktion)*, enquanto esquema ou princípio regulativo *(regulatives Sinnschema/*

[10] N. LUHMANN, *Soziologische Aufklärung* I, pp. 16-18, 26-27 e 108, IDEM, *AöR* 94, pp. 7-11, e IDEM, *Soziale Systeme,* pp. 83-84. Sobre a compreensão, na obra de LUHMANN, da realidade empírica como o resultado de uma evolução marcada pelas notas da aleatoriedade e da fungibilidade (= contingência) e, nessa medida, fazendo um paralelismo com *Le Hasard et la Nécessité* de J. MONOD, cfr. A. CASTANHEIRA NEVES, *Digesta* III, pp. 282-283 (a esta última referência bibliográfica aplica-se, também, o que se assinalou no final da nota 1).

[11] N. LUHMANN, *Soziologische Aufklärung* I, pp. 71-72 e 74-75. Sublinhando também o aspecto referido em texto, A. CASTANHEIRA NEVES, *Digesta* III, p. 243.

/Prinzip) de uma investigação cujo objectivo se restringe à descoberta de um campo de variáveis ou alternativas causais[12].

Longe de se dirigir à comprovação de um concreto nexo causal, o método funcionalista assume uma natureza «comparativa» *(vergleichende Methode)*. Circunscreve-se à determinação, em abstracto, de um conjunto ou classe de possibilidades causais que se oferecem como alternativas para a realização de uma função e, nessa medida, constituem «equivalentes funcionais» *(funktionale Äquivalente)*[13]. O âmbito dos últimos depende da específica função assumida como ponto de referência, que passa a integrar o critério rector, não só da investigação empírica, mas também da subsequente reprodução da realidade em termos conceituais.

De harmonia com a negação de todo o ontologismo substancialista, o que está em jogo é, *não* determinar, por detrás da diversidade dos fenómenos, constantes essenciais e imutáveis do «ser» *(Wesenskonstanten)*, mas, pelo contrário, assumir a natureza variável e multiforme dos processos empíricos e agrupá-los, na disparidade das respectivas configurações, apenas com base no elemento *exterior* da sua «equivalência funcional» para a produção de um certo resultado[14]. Numa perspectiva de estrita neutralidade axiológica, o método funcionalista prossegue, não o objectivo teorético da procura da

[12] *Ibidem*, pp. 14-15 e 34-38, e IDEM, *Soziale Systeme*, pp. 83 e ss. Sobre o conceito de «função», cfr., em geral, R. MERTON, *Social theory and social structure*, pp. 74 e ss., IDEM, *System, change and conflict*, pp. 10 e ss., e, mais sinteticamente, H. SCHELSKY, *Die Funktion*, pp. 43 e ss.

[13] Cfr. N. LUHMANN, *Soziologische Aufklärung* I, pp. 12-13 e 13-16, onde o autor convoca o conceito de «equivalência funcional» – já subjacente à análise antropológico-funcionalista de B. MALINOWSKI, *Uma teoria científica da cultura*, pp. 104-113 e 114-123 –, fazendo dele a pedra angular do repúdio da visão causal-determinista e da subsequente defesa de uma perspectiva sistémica-funcional. A este propósito, cfr., também, T. PARSONS, *The structure of social action* II, pp. 742-743, e R. MERTON, *System, change and conflict*, pp. 23-25 e 44 (7).

[14] N. LUHMANN, *Soziologische Aufklärung* I, pp. 14-16, 16-18, esp. 36 e 75, e IDEM, *Soziale Systeme*, pp. 33 e 84-85 (cfr. a nota seguinte); a este propósito, cfr. também G. TEUBNER, *O direito como sistema autopoiético*, p. 102.

«verdade», mas a intenção instrumental-estratégica de domínio ou controlo dos processos empíricos; utilizando a terminologia clássica, mais do que ciência, integra uma técnica ou pragmática, *i.e.*, uma simples operatória utilitaristicamente adstrita à mera «resolução de problemas»[15].

[15] Em sentido convergente, sublinhando o carácter tecnológico-social da perspectiva de LUHMANN, cfr. R. BUBNER, *Handlung und Vernunft*, p. 46: «Das theoretische Ethos der Wahrheit wird abgelöst durch das Stratagem der Verfügbarkeit und Verwaltung. Nicht Erkenntnis interessiert, sondern Erfolg, mit einem Problem zugig fertigzuwerden». Para uma concretização do que se afirma, cfr. N. LUHMANN, *Soziologische Aufklärung* I, p. 36: «Die funktionale Vergleichstechnik verfahrt genau entgegengesetzt. Sie auch abstrakte, aber spezifische, genau zu präzisierende Bezugsprobleme, von denen aus sie *Verschiedenartiges als gleich, als funktional äquivalent behandeln kann.* Das Bewusstsein unaufhebbarer Verschiedenheit *des eigentlich Seienden – und das heißt jetzt: des empirisch Seienden* – und damit zugleich das methodische Bewusstsein der Abstraktion als Erkenntnistechnik, die sich bewahren muss, sind wesentliche Bestandteile der Abstraktion als Erkenntnistechnik, die sich bewahren muss, sind wesentliche Bestandteile des Gleichheitsurteils. Die Abstraktion des Vergleichsgesichtspunktes hat den Sinn, die *Gleichsetzung von Verschiedenartigem zu ermöglichen.* Der Zug von qualitativen Urteil zur Quantification ist eine Ausdruck dieser Tendenz. *Das Erkenntnisziel ist nicht mehr die Feststellung der unwandelbaren, sich selbst gleichenden Substanz in ihrem Wesen, sondern die Kontrolle über Alternativen: zunächst die theoretische Kontrolle und dann, im Rahmen des Möglichen, die praktische Kontrolle. Das Seiende ist erkenntniswürdig nicht in dem Masse, als es andere Möglichkeiten ausschließt, sondern deshalb, weil es sie ordnet und mit Hilfe abstrakter Methoden zuganglich macht*» (itálicos nossos); de modo análogo, a propósito dos chamados «mecanismos reflexivos» *(reflexive Mechanismen), ibidem*, pp. 107-108. Por outro lado, já no quadro do paradigma dos sistemas auto-referentes, mas continuando a expressar o mesmo ponto de vista, cfr. N. LUHMANN, *Soziale Systeme*, pp. 33 e 83 e ss., em particular, 38, onde se escreve: «Will man die Ergiebigkeit von Verallgemeinerungen kontrollieren, muss man die Begriffe der allgemeinsten Analyseebene, die man benutzt, nicht als Merkmalsbegriffe, sondern als *Problembegriffe* anlegen. Die allgemeine Systemtheorie fixiert dann nicht die in allen Systemen ausnahmlos vorzufindenden Wesensmerkmale. Sie wird vielmehr in der *Sprache von Problemen und Problemlösungen formuliert*, die zugleich begreiflich macht, dass es für bestimmte Probleme unterschiedliche, funktional äquivalente Problemlösungen geben kann. In den Gattungsabstraktion wird somit eine funktionale Abstraktion eingebaut, die ihrerseits einen Vergleich der unterschieden Systemtypen anleitet» (itálicos nossos).

Ao envolver a negação de um substrato ontológico *a se*, capaz de sustentar pretensões de «verdade», a atribuição à realidade de uma natureza indeterminada e contingente motiva, em suma, que aquela intenção instrumental-estratégica passe a constituir a perspectiva de enquadramento dos fenómenos e, assim, o princípio rector da respectiva tradução teorético-conceitual. Neste duplo aspecto, quer dizer, na diferente compreensão da realidade empírica e na correspondente alteração dos processos e critérios que presidem à metodologia da investigação e à construção conceitual radica o decisivo significado da mudança de paradigma *(Paradigmawechsel)* que, no plano epistemológico, se imputa à teoria sistémica-funcional[16].

Em último termo, o exposto condensa-se numa diversa concepção da realidade (empírica) e, portanto, do «sistema», que adquire uma índole convencional e fungível. O seu concreto substrato ou conteúdo *(Bestand)* perde o carácter de «necessidade ontológica», convertendo-se numa simples estratégia entre outros «equivalentes

[16] Especificamente no contexto da obra de N. Luhmann, cfr. *locs. cits.* nas notas anteriores, esp. *Soziologische Aufklärung* I, pp. 15, 17 e 36. No presente âmbito, o termo «paradigma» é utilizado no primeiro sentido («amplo») que lhe atribui Th. Kuhn, integrando a «grelha» ou «matriz» disciplinar, *i.e.*, o conjunto de pressupostos (= representações simbólicas, modelos de análise, valores e «exemplares»/«exemplares-tipos») aceites por uma comunidade científica e que, nessa medida, dominam e condicionam a respectiva investigação empírica; num contraponto com a acepção «restrita» de paradigma (= «exemplar»/«exemplo-tipo»), cfr. Th. Kuhn, *The structure of scientific revolutions*, pp. 23 e ss., 35 e ss. e esp. 175, 181 e ss. e 187 e ss., e Idem, *A tensão essencial*, pp. 353 e ss. Sublinhe-se, por último, que, tal como decorre da posição de Luhmann, a mudança de paradigma referida no texto mais não representa, no plano sociológico, do que o reflexo de uma mudança de paradigma observada ao nível geral da própria epistemologia ou teoria das ciências; a este propósito, evidenciando diversas perspectivas, cfr. Th. Kuhn, *The structure of scientific revolutions*, *passim*, esp. pp. 35 e ss., 76, 77 e ss., 110, 170-171 e 206-207, Idem , *A tensão essencial*, pp. 143 e ss., 323 e ss. e 353 e ss., Idem, *Les théories de la causalité*, pp. 37 e ss., J. F. Malherbe, *La philosophie de Karl Popper et le positivisme logique*, pp. 37 e ss. (acerca do empirismo lógico), 89 e ss. (sobre o convencionalismo crítico de Popper) e 149 e ss. (para uma contraposição das teses de Popper e de Kuhn), G. Bachelard, *O novo espírito científico*, *passim*, Idem, *A epistemologia*, pp. 33 e ss., e P. Feyerabend, *De Vienne à Cambridge*, pp. 245 e ss.

funcionais» possíveis. Como se referiu, longe de se resumirem à ideia da autoconservação daquele *Bestand,* as prestações do sistema assumem a natureza de alternativas causais para a resolução de problemas – concretamente, dos múltiplos e sucessivos problemas que, de um prisma instrumental-estratégico, a realização da «função» suscita no confronto com uma *Umwelt* cunhada pelas notas da indeterminação e da aleatoriedade.

Por oposição ao primeiro funcionalismo, a tese de LUHMANN opera o que o autor denomina de substituição da *Bestandsformel* pela *Problemformel.* Ao mesmo tempo que se cumpre numa interacção permanente com a *Umwelt,* o sistema não se encontra adstrito a um conteúdo preestabelecido e participa das características da abertura e da indeterminação, limitando-se a representar uma «síntese coordenadora» das soluções consagradas para os problemas com que, a cada momento, o desempenho da respectiva função se depara no contexto de uma realidade contingente[17].

O completo esclarecimento do que vem de assinalar-se exige, porém, uma alusão ao particular modo como o sistema resolve aqueles «problemas». Para maior clareza, a exposição subsequente começa por reportar-se à primeira fase da obra de LUHMANN, anterior à recepção do paradigma dos sistemas auto-referentes (autopoiéticos), período em que o autor resume a questão a um único processo: a criação de «estruturas» *(Strukturbildung)*[18]. Estas consistem no estabeleci-

[17] N. LUHMANN, *Soziologische Aufklärung* I, pp. 18-23, 33-38 e 38-40, e, já no contexto do paradigma dos sistemas auto-referentes, procedendo a uma articulação das ideias de «complexidade», «selecção», «contingência» e «condicionamento», IDEM, *Soziale Systeme,* pp. 46-51 (relacionadas com as pp. 44-45). A propósito do exposto, cfr., ainda, G. TEUBNER, *O direito como sistema autopoiético,* p. 102. No mesmo sentido do texto, afastando os três postulados fundamentais do primeiro funcionalismo (*i.e.,* os postulados da «unidade funcional da sociedade», «do funcionalismo universal» e da «indispensabilidade de certas estruturas sociais»), cfr. R. MERTON, *System, change and conflict,* pp. 16-27.

[18] Como se afirmou, a exposição atém-se, neste ponto, às formulações da primeira fase da obra de LUHMANN; a propósito do texto, cfr. N. LUHMANN, *Soziologische*

mento – mediante a escolha entre várias alternativas ou equivalentes funcionais – de «respostas-tipos» para outros tantos «problemas-» ou «situações-tipos» com que o sistema se depara nas relações com a *Umwelt*. Levando implicado um enquadramento «categorial-classificatório» da realidade exterior em «situações-problemas», *i.e.*, a sua ordenação em «tipos» *(Tatbestände)* definidos com base no critério

Aufklärung I, pp. 42-43 e 72, e IDEM, *Legitimation*, p. 42. No mesmo sentido, T. PARSONS, *The social system*, pp. 24-26, e IDEM, *An outline of the social system*, pp. 41-42. O trânsito para a teoria dos sistemas «auto-referentes» (autopoiéticos) implicou uma profunda modificação no plano da construção (cfr., *infra*, texto correspondente às notas 28 e ss. e 186 e ss.). Com as necessárias adaptações, tal facto não invalida, porém, a asserção do texto. Sem dúvida que, à luz daquela última perspectiva, o sistema não se limita à organização das estruturas, mas também «cria» os seus próprios «elementos» – circunstância que faz com que as aludidas auto-referência e autopoiese (e, bem assim, as notas da «complexidade» e da «indeterminação») se convertam em características intrínsecas dos próprios elementos. Por outras palavras, a autopoiese (= auto-reprodução) constitui um processo que se cumpre num encadeamento (= interrelacionação) de elementos, que, em si mesmos, se apresentam «complexos», *i.e.*, oferecem uma multiplicidade de alternativas *(Möglichkeiten)* de inter-relacionação. Dentro de uma concepção evolutiva, a concreta configuração do sistema (e da sua «reprodução autopoiética») decorre, por isso, de uma «selecção» (contingente) entre aquelas alternativas (= equivalentes funcionais), tarefa que LUHMANN atribui às «estruturas», enquanto mecanismos que definem a posição ou função de cada elemento e, nessa medida, delimitam o campo de possibilidades da correspondente «reprodução». Na segunda fase da obra de LUHMANN, as estruturas do sistema encarnam, pois, a concretização histórica (= espácio-temporal) da própria auto-referência do sistema, continuando a representar, se bem que no contexto de um quadro teórico diverso, o decisivo critério da «resolução de problemas» (cfr. N. LUHMANN, *Soziale Systeme*, pp. 45-51 e esp. 57-65). O que vem de assinalar-se torna-se sobremaneira nítido a propósito dos sistemas (e é o caso do sistema social) que participam de uma «complexidade temporalizada» *(temporalisiertes Komplexität)*, cujos elementos consistem em meros «acontecimentos» *(Ereignisse)* sem duração ou conteúdo e, nessa medida, consubstanciam uma sucessão ininterrupta de «pontos» ou «átomos» que permanentemente se extinguem e reproduzem e, por oposição a todas as tensões desapregadoras, encontram nas estruturas (*i.e.*, numa *Konditionierung der Interdependenz von Auflösung und Reproduktion*) o único factor de estabilidade e, assim, a expressão da sua unidade sistémica auto-referente (cfr. *ibidem*, pp. 28-29 e 70 e ss., esp. 76-83).

instrumental-estratégico do efeito ou função que se pretende atingir, as estruturas consubstanciam «prestações duradoiras do sistema» *(dauerhafte Systemleistungen)*[19]. Quer dizer, modelos de acção predeterminados que possibilitam uma resposta *automática* perante os casos concretos. Para LUHMANN, atenta a indeterminação e a aleatoriedade, *i.e.*, a «complexidade» e a «contingência» da *Umwelt*, na relativa estabilidade das estruturas e no automatismo da resolução de problemas que propiciam reside um pressuposto indispensável da subsistência do sistema e, portanto, da realização das funções que lhe estão subjacentes[20].

Na medida em que envolvem a «determinação» ou «cristalização» dos fenómenos empíricos num quadro categorial-classificatório preestabelecido, aquelas estruturas comportam, todavia, uma perversão da sua natureza indeterminada e instável. Apesar de imprescindível, por força da diminuta capacidade do sistema para abarcar a diversidade dos estímulos provenientes da *Umwelt*, tal «redução da complexidade» não deixa, por isso, de significar uma simultânea «falsificação» da realidade empírica. Daí deriva, desde logo, o carácter provisório ou precário das estruturas, como simples operatórias cuja manutenção apenas se justifica enquanto conservem eficácia do ponto de vista instrumental-estratégico da resolução de problemas *(= Problemformel)*[21].

Para a compreensão do verdadeiro alcance da concepção em análise, mais importante se revela, porém, um outro aspecto. Devido à discrepância entre a representação ou «corte» da realidade (= «redução da complexidade») em que assentam e, por outro lado, a natureza complexa e contingente dessa mesma realidade, as estruturas nunca

[19] N. LUHMANN, *Soziologische Aufklärung* I, p. 31 (embora o autor utilize a expressão no contexto da crítica à concepção ontológica da causalidade subjacente ao primeiro funcionalismo).

[20] *Ibidem*, pp. 42 e 76-77.

[21] N. LUHMANN, *Soziologische Aufklärung* I, pp. 18-23 e esp. 43, e IDEM, *Rechtssoziologie* 1, pp. 40-41.

poderão fornecer uma solução cabal e definitiva dos problemas. O que se afirma encontra, aliás, correspondência nos termos abstractos do processo de demarcação dos «equivalentes funcionais» de que há-de sair a «estrutura-solução» seleccionada, onde apenas se pondera a adequação causal dos vários dispositivos em relação ao específico ponto de referência *(Bezugspunkt)*, não se considerando os respectivos «efeitos laterais » ou «secundários» *(Nebenfolgen)*[22].

Atenta a imbrincada teia de relações causais indeterminadas em que se desdobra a realidade empírica, aqueles efeitos laterais da «estrutura-solução» escolhida constituem, por consequência, o ponto de partida para uma *segunda ordem* de problemas. Uma segunda ordem de problemas que, embora condicionados pela solução-estrutura adoptada no estrato anterior, integram autónomos *Bezugspunkte* (= «sub-funções») para a procura de uma *nova* classe de equivalentes funcionais, de que resultará a selecção de uma *nova* estrutura-solução, cujos «efeitos laterais» darão, por seu turno, origem a uma *terceira ordem* de problemas (= «sub-sub-funções»)... e assim sucessivamente[23].

Como decorre do exposto, ao invés do método axiomático-dedutivo, o método funcionalista assume a unilateralidade e a incompletude do respectivo ponto de partida e, portanto, a impossibilidade de dele retirar, por uma via lógico-formal, a configuração de todo o sistema e a solução dos seus problemas. Pelo contrário, encontra-se-lhe subjacente a compreensão do sistema como um processo *in*

[22] Sobre os reflexos da aludida «mudança de paradigma» na construção conceitual do método funcionalista, caracterizada pela abstracção das *Nebenfolgen*, que passam a ocupar uma posição simétrica ou equivalente à dos «acidentes», *i.e.*, à do segundo termo do binómio substância/acidente das perspectivas de base ontológica essencialista, cfr., *supra*, notas 14 e 15.

[23] N. Luhmann, *Soziologische Aufklärung* I, pp. 18-23 (esp. 19-20) e 42-43; de acordo com a concepção exposta, reconduzindo as «disfunções» ou «contradições» do sistema a novos problemas, *i.e.*, a problemas secundários (= *Nebenfolgen*) da solução-estrutura adoptada e que cumpre resolver no contexto da metodologia descrita, cfr. *ob. cit.*, pp. 21 e 41-42 (nº 4). Aflorando a questão dos «efeitos laterais», cfr. G. Teubner, *O direito como sistema autopoiético*, p. 102.

fieri, que se desenvolve em estratos ou planos sucessivos e se concretiza num «encadeamento» de problemas *(Problemstufenordnung)*, cada um dos quais a suscitar uma investigação empírica autónoma destinada à procura dos equivalentes funcionais disponíveis e, de entre estes, à escolha da correspondente estrutura-solução. Na órbita de uma compreensão do mundo decomposto em sistemas, aquela *Problemstufenordnung* exprime, em suma, a dinâmica da própria realidade. Ao assumi-la como critério de investigação, o método funcionalista mais não faz do que ajustar-se à «lógica interna» do seu objecto, no quadro da mencionada intenção instrumental-estratégica de domínio ou controlo dos processos empíricos[24].

Sublinhe-se, por outro lado, que, ao consagrar o modelo da *Problemstufenordnung*, logo na primeira fase da sua obra LUHMANN introduz no sistema uma dimensão temporal *(Zeitdimension)*, estabelecendo uma ponte entre as perspectivas estruturalista e evolucionista que marcam a sociologia contemporânea. A configuração do sistema, *i.e.*, o conjunto das suas estruturas não deriva de reduções da complexidade efectuadas «a partir do zero», que incidam directamente sobre o universo de total indeterminação de uma realidade empírica «em estado bruto». Antes constitui o resultado da sedimentação, no tempo, de sucessivas reduções da complexidade, cada uma delas condicionando a natureza das «situações-problemas» e o campo de alternativas de solução que se oferecem aos estratos subsequentes.

Em virtude da diminuta capacidade do sistema para abarcar a multiplicidade dos estímulos do ambiente circundante, a este processo «histórico» de acumulação de estruturas-soluções *encadeadas* obedece a organização e o aumento da «complexidade *interna*», *i.e.*, do espec-

[24] N. LUHMANN, *Soziologische Aufklärung* I, pp. 20-21, 22-23 e, relacionando os respectivos conteúdos, 74-75, 79-80 e 83-85; convergindo no preciso sentido da última afirmação do texto, cfr., ainda, *ob. cit.*, pp. 103-104. De modo análogo, mas já no âmbito da segunda fase da sua obra (= «paradigma dos sistemas auto-referentes»), IDEM, *Soziale Systeme*, pp. 30 e (a propósito dos conceitos de «problema», «dupla-contingência» e «autocatalização») 172-173.

tro de alternativas (= estruturas-soluções) que definem o potencial do sistema para absorver a «complexidade *externa*» da *Umwelt*. Tal acréscimo da complexidade interna conduz à progressiva estabilização (= «imunização») do sistema e, a partir daí, a um aprofundamento da diferenciação funcional e da autonomia do seu *modus operandi*[25].

Complexidade interna, estabilização/imunização, diferenciação funcional e autonomia constituem aspectos inter-relacionados do mesmo processo evolutivo, que, subordinado ao modelo da *Problemstufenordnung*, consubstancia a «história do sistema» *(Systemgeschichte)*. Assim entendida, e ainda que em moldes *não*-deterministas (uma vez que cada estrutura-solução resulta de uma escolha *contingente* entre várias alternativas), aquela «história» comporta a definição do horizonte de possibilidades e, assim, uma «programação» (= condicionamento) dos futuros desenvolvimentos do sistema[26]. Outro não é o alcance das palavras de LUHMANN quando afirma que «a história do sistema está presente nas suas estruturas e intervém, de forma reiterada, como fundamento de acção»[27].

Tudo visto, no quadro da primeira formulação da tese de LUHMANN, tão-só ancorada no «paradigma da diferença *System/Umwelt*», o esquema da *Problemstufenordnung* encarna a expressão da própria racionalidade sistémica-funcional e, assim, não apenas o modelo a que obedece a dinâmica de uma realidade complexa e contingente, mas também – e por esse mesmo motivo – o critério ou referente da investigação empírica. No contexto de uma tal concepção evolutiva deverá, pois, compreender-se a aludida substituição da *Bestandsformel* pela

[25] Sobre o exposto, N. LUHMANN, *Soziologische Aufklärung* I, pp. 76-77 e esp. 82-85.

[26] *Ibidem*, p. 84; de modo análogo, a propósito do sistema social, IDEM, *Soziale Systeme*, pp. 179 e 184-186. Num sentido aproximado, reportando-se ao fenómeno da «structural constraint», R. MERTON, *System, change and conflict*, pp. 44-45 (8).

[27] N. LUHMANN, *Soziologische Aufklärung* I, p. 83; de modo análogo, a respeito dos chamados «mecanismos reflexivos», cfr. *ob. cit.*, p. 101: «(...) weil er [= o objecto da sociologia, *i.e.*, o sistema social] in seiner Ordnung seine Geschichte voraussetzen muss. Gewisse Formen der Problemlösung, und hierzu zählen reflexive Mechanismen, tauschen erst auf, wenn andere gewährleistet sind».

Problemformel. Ou seja, a recusa ao sistema de um substrato ontológico *a se* e a sua definição como integrando a mera «síntese coordenadora» das estruturas consagradas, num certo momento, para responder aos múltiplos problemas suscitados pela realização da respectiva função no âmbito de uma *Umwelt* complexa e contingente.

Embora fazendo algumas remissões para os escritos mais recentes de LUHMANN, a exposição anterior centrou-se na primeira fase da sua obra, assente na teoria dos «sistemas abertos», quer dizer, no paradigma da «diferença sistema/ambiente» *(Paradigma der System/Umwelt-Differenz).* No confronto com o último, conhece-se a importância do trânsito para o paradigma dos «sistemas auto-referentes» *(Paradigma der selbstreferentieller Systeme),* a que o autor aderiu no início dos anos de mil novecentos e oitenta.

De acordo com tal perspectiva, passa a entender-se o sistema como uma unidade auto-subsistente, cujo desempenho não resulta – ao invés do que se pretendia no quadro do paradigma da diferença sistema/ambiente – de uma colaboração ou co-produção *paritária* entre ambos os termos daquele binómio. Consubstancia antes a desimplicação de um «código genético» ou princípio constitutivo e, assim, de uma matriz «auto-referente»[28].

Esta como que integra a forma *a priori* e, portanto, o crivo ou filtro por que se processa a interacção com a *Umwelt:* cada novo estímulo do ambiente é «re-criado» na linguagem-código daquela auto-referência, deparando-se com um movimento de «circularidade recursiva», em que o sistema se constrói a si mesmo (autopoiese). De harmonia com a concepção não-determinista da realidade empírica subjacente à construção de LUHMANN, a auto-referência delimita, pois, o campo de alternativas causais (= equivalentes funcionais) de que o sistema

[28] Sobre o significado epistemológico da introdução do paradigma dos sistemas auto-referentes (autopoiéticos), cfr. N. LUHMANN, *Soziale Systeme,* pp. 9-14, 15 e ss. (esp. 18-29) e 57-65, G. TEUBNER, *O direito como sistema autopoiético,* pp. 21-26 e esp. 27-34, 34-52 e 112-119, e, entre nós, A. CASTANHEIRA NEVES, *Digesta* III, pp. 243 e ss.

dispõe para a resolução dos seus problemas, representando o decisivo critério conformador do respectivo *modus operandi*[29].

Não se ignora o significado epistemológico que, em tese geral, se associa à adopção de semelhante concepção. No tocante a LUHMANN, terá porém de convir-se que as ideias da auto-referência e da autopoiese se encontravam, de modo implícito, antecipadas na primeira versão da sua doutrina. Se bem que restrito ao plano da organização das estruturas, o apelo para o assinalado esquema da *Problemstufenordnung*, aliado à consagração da teoria dos «mecanismos reflexivos» *(reflexive Mechanismen)*[30], comportava, nesse âmbito, a afirmação da progressiva «imunização» do sistema em face da *Umwelt*. Ou seja, a compreensão de cada uma das suas manifestações como constituindo a concretização de uma autonomia e de uma diferenciação funcionais que – embora tão-só alicerçadas na contingência de um processo histórico de acumulação de estruturas «encadeadas» – consubstanciavam, *avant la lettre*, o afloramento de uma auto-referência[31].

Em certo sentido, pode por isso dizer-se que, do específico ponto de vista da construção de LUHMANN, a adesão àquele paradigma, longe de envolver um corte, se inscreve numa linha de continuidade com o passado. Em boa verdade, o seu genuíno alcance residiu na introdução de um novo enquadramento onto-epistemológico, que veio permitir a consolidação e o desenvolvimento de uma orientação doutrinal que, nos traços essenciais, já constava dos escritos precedentes.

[29] Para uma caracterizacão mais pormenorizada da segunda fase da obra de LUHMANN, cfr., *infra*, texto de notas 186 e ss. Sobre os vários significados atribuídos, na literatura, aos conceitos de auto-referência e de autopoiese (e, bem assim, às noções de «auto-observação», «auto-descrição», «auto-organização», «auto-regulação», «auto-reflexão» e «auto-produção»), cfr. G. TEUBNER, *O direito como sistema autopoiético*, pp. 40-52.

[30] N. LUHMANN, *Soziologische Aufklärung* I, pp. 92-112.

[31] Confirmando o que se afirma no texto, cfr., a título meramente exemplificativo, N. LUHMANN, *Soziologische Aufklärung* I, pp. 39-40, 44-45, 47-48, 76 (onde se utiliza já a expressão «subjectividade do sistema»), 83-84, 101 e 104-105.

Com efeito, pondo de parte as especificidades ligadas à arquitectura da construção, a segunda fase da obra do autor continua, desde logo, a assentar numa redução empírico-causal da realidade[32]. Acresce que, fiel aos postulados de uma perspectiva sistémica-funcional, mantém uma compreensão *não*-determinista daquela realidade empírica, integrando os concretos fenómenos em unidades estratégicas (= sistemas), que, subordinadas a uma lógica de meio/fim, participam das características da complexidade e da contingência: o conteúdo do sistema assume, por isso, uma natureza aleatória e fungível, dependendo a sua configuração de um processo de selecção entre vários «equivalentes funcionais»; como única particularidade, sublinhe-se o facto de o espectro dos últimos e, assim, a delimitação do horizonte de possibilidades do sistema se imputar, agora, à respectiva auto-referência[33].

Por fim, LUHMANN conserva uma concepção evolutiva do sistema, assimilando o correspondente desempenho a uma sucessão «encadeada» de reduções da complexidade *(Problemstufenordnung)*[34]. Ainda aqui, a diferença reside no entendimento dessa sucessão como representando a desimplicação de uma auto-referência e, portanto, na atribuição à «história do sistema» de uma natureza autopoiética[35].

Não se contesta a relevância que, do prisma teorético-explicativo da análise sistémica, a consagração do paradigma da auto-referência

[32] N. LUHMANN, *Soziale Systeme*, pp. 10 (2), 13-14, 16 e ss., 30 e ss., 40-41, 68-70 e 83 e ss. (esp. 84-85). Evidenciando o mesmo reducionismo empírico-causal subjacente a todas as orientações funcionalistas, cfr., de forma paradigmática, R. MERTON, *System, change and conflict*, pp. 38-41, esp. 40.

[33] N. LUHMANN, *Soziale Systeme*, pp. 45-51, 55-57, 57-65, 68-70 e 84-91.

[34] Embora não utilize a expressão alemã assinalada no texto e se reporte, apenas, ao conceito de «condicionamento» *(Konditionierung)*, LUHMANN continua a reconduzir o sistema a uma ordem encadeada de reduções da complexidade e, nessa medida, à ideia da *Problemstufenordnung* constante dos primeiros escritos; cfr. N. LUHMANN, *Soziale Systeme*, pp. 44-45, 75 e ss. e, em particular, a propósito da «dupla-contingência» que subjaz à emergência e autopoiese do sistema social, 173-175, 177-179 e esp. 184-187.

[35] N. LUHMANN, *Soziale Systeme*, pp. 57-70 e *locs. cits.* na nota anterior.

revestiu. A partir do exposto, e sem escamotear as divergências observáveis entre as duas aludidas fases da obra de LUHMANN, ambas assentam, contudo, no *denominador comum* de um monismo ontológico de matiz empírico-causal e evolutivo. Reduzido à sua expressão mais simples, o que se assinala condensa-se na assunção de uma realidade (*rectius*, realidade «empírica») decomposta em sistemas, cujo desempenho, participando das notas da complexidade e da contingência, se articula nos termos de uma *Problemstufenordnung*. A permanência deste núcleo doutrinal reflecte-se, aliás, na constância das posições defendidas quanto aos objectivos e à metodologia da investigação científica.

Na verdade, ao comportar uma interpretação global da realidade, aquela concepção de fundo, que constitui o cerne da perspectiva sistémica-funcional, adquire um prevalente significado heurístico, enquanto princípio ou critério rector de uma investigação que reveste o carácter «expansivo» de permanente abertura a novos problemas[36]. Dito de outro modo: de harmonia com a presente orientação, o papel da investigação científica reside na descoberta de «funções» ou «nexos funcionais» *(explícitos ou latentes)* e, assim, na reprodução da realidade como um encadeamento «estratificado» de dispositivos causalmente adstritos a solução desses mesmos problemas ou funções[37]. Numa via que qualifica de intermédia entre o funcionalismo sistémico de T. PARSONS e as teorias de «middle range» de R. MERTON, o objectivo último do método funcionalista de LUHMANN consiste na procura de alternativas causais (= equivalentes funcionais) para a satisfação daquelas funções, numa perspectiva instrumental-estratégica, vinculada a critérios de pura eficácia[38].

[36] N. LUHMANN, *Soziologische Aufklärung* I, pp. 22 e 32 e ss. (esp. 37-38), e IDEM, *AöR* 94, pp. 11-12.

[37] Neste preciso sentido de uma compreensão «funcional» da realidade, N. LUHMANN, *Soziologische Aufklärung* I, pp. 40-41, e IDEM, *Soziale Systeme*, pp. 32 e 83 e ss.

[38] Sobre este ponto, cfr. N. LUHMANN, *Soziologische Aufklärung* I, pp. 22-23, 26-27 e 31 e ss. (esp. 35 e ss.), e IDEM, *Soziale Systeme*, pp. 84-85 e 87-91. Para uma referência à

Tal como acontece na sociologia de filiação causal-determinista, também a aludida concepção funcionalista da realidade, quando aplicada ao plano da interacção humana, envolve a postergação das representações de senso comum que presidem ao quotidiano da existência[39]. No presente contexto, os fins, valores e normas que regem a vida individual e colectiva adquirem o cariz de meros «epifenómenos», sob os quais se esconde a complexa e subterrânea teia de «nexos funcionais» em que assenta a realidade social. À investigação sociológica cumpre descobrir aqueles nexos funcionais *latentes* e encontrar equivalentes funcionais que permitam uma mais eficaz solução dos conflitos[40].

Dentro de uma perspectiva de estrita neutralidade axiológica, a razão prática cede o lugar ao pragmatismo de uma «racionalidade de fins» *(Zweckrationalität)*, em que a legitimação das instituições sociais passa a ancorar no exclusivo fundamento da sua eficácia ou adequação instrumental-estratégica para garantir a funcionalidade do sistema[41]. No alargamento do âmbito de aplicação do método funciona-

diferente perspectiva metodológica da teoria sistémica-social «total» de T. Parsons e da orientação de «médio alcance» de R. Merton, cfr. T. Parsons, *The social system*, pp. VII e ss. e 3 e ss. (em particular, 19), R. Merton, *Social theory and social structure*, pp. 39 e ss. (esp. 50 e ss. e 68 e ss.), e esp. A. Gouldner, *System, change and conflict*, pp. 143 e ss., 145 e ss. e 153 e ss.

[39] A propósito deste específico aspecto, pondo em evidência as diferenças entre a sociologia de filiação causal-determinista e a perspectiva sistémica-funcional, N. Luhmann, *Soziologische Aufklärung* I, pp. 45-48, 68-72 e 74.

[40] N. Luhmann, *Funktionen und Folgen formaler Organisation*, pp. 18-21, Idem, *Grundrechte*, pp. 201 e ss., Idem, *Soziologische Aufklärung* I, pp. 20, 22 e 48, Idem, *AöR* 94, pp. 8 e 11-12, Idem, *Legitimation*, pp. 13-18, Idem, *ARSP* (*Beiheft* n. F. 8), pp. 37-41, e esp. Idem, *Rechtssoziologie* 1, pp. 40-41. No sentido do texto, a propósito da distinção entre funções «manifestas» (= explícitas) e latentes, cfr., também, R. Merton, *System, change and conflict*, pp. 53 e ss., esp. 60 e ss. e 65 e ss.

[41] N. Luhmann, *Soziologische Aufklärung* I, pp. 25-27, 47-48, e esp. 79 (onde, de forma, paradigmática, se escreve: «Die Soziologie wird Handlungsrationalität in Systemrationalität umdenken und auf ihrem Systembegriff beziehen müssen. Als rational würde danach jedes sinnkonstituierende Erleben und jedes Handeln zu gelten haben, sofern es zur Lösung von Systemproblemen und damit zur Erhaltung

lista – o mesmo é dizer, na crescente *colonização* do «mundo da vida» *(Lebenswelt)* pelo sistema[42] – radicaria, em suma, o decisivo critério da racionalização e do progresso sociais[43].

reduktiver Strukturen in einer äußerst komplexen Welt beitragt») e 107-108 («*Der Prozess der zivilisatorischer Entwicklung* wird vielfach zugleich oder in der Hauptsache als Steigerung der Rationalität der Lebensführung begriffen. Der Gewinn an Rationalität sieht man dabei in der Voraussehbarkeit und Beherrschbarkeit der Wirkungen des Handelns über möglichst viele Zwischenglieder der Kausalkette hinweg. (...) *Nur die Beherrschung langer Kausalketten könne mithin* – vom rein immanenter Standpunkt des Menschen aus und *ohne Vorurteil über eine bestimmte Art der rechten Lebensführung – als rational gelten*»; itálicos nossos).

[42] A expressão do texto ficou a dever-se a J. HABERMAS. Por oposição à visão unidimensional da sociologia compreensiva *(verstehende Soziologie)*, que perspectiva a sociedade *(Gesellschaft)* como uma entidade exclusivamente cultural *(kulturalishe)*, aquele autor atribui-lhe uma natureza mista ou complexa, que se desdobra numa esfera «simbólica» de normas e representações consubstanciadora de um consenso comunitário *(= Lebenswelt)* e, por outro lado, num domínio concernente às condições materiais da sua autoconservação *(= System)*. Em conformidade, autonomiza dois planos de coordenação inter-subjectiva, *i.e.*, distingue entre «integração social» *(Sozialintegration)* e «integração sistémica» *(Systemintegration)*, enquanto «regiões» subordinadas a diferentes dinâmicas de desenvolvimento: num caso, a uma reprodução simbólica *(symbolische Reproduktion)*, assente em processos comunicacionais de tipo compreensivo *(verstehend)*, geradores de um verdadeiro encontro ou consenso comunitário («razão comunicativa» – *kommunikative Vernunft*); e, no outro, a uma reprodução material *(materielle Reproduktion)*, ancorada em considerações instrumentais-estratégicas de pura eficácia e neutral sob o prisma axiológico («racionalidade final» – *Zweckrationalität*). A absolutização desta última forma de racionalidade, observável na obra de LUHMANN (cfr. as transcrições da nota anterior), implicaria uma perversão da especificidade dos universos cultural e normativo através da intromissão abusiva de critérios de índole tecnológica e pragmática, traduzindo, nas palavras de HABERMAS, uma inadmissível «colonização» do mundo da vida pelo sistema *(Kolonialisierung der Lebenswelt, Technisierung der Lebenswelt)*; cfr. J. HABERMAS, *Theorie des kommunikativen Handelns* 2, pp. 267-275 (esp. 273), 292-293 e 413-419 (esp. 418-419), e, *infra*, nota 45.

[43] N. LUHMANN, *Soziologische Aufklärung* I, pp. 48, 77 (onde identifica a «penetração» (= colonização) da *Lebenswelt* pela racionalidade sistémica-funcional com a própria *soziologische Aufklärung*), 80 («Wirksame Aufklärung kann nur durch Systembildung geleistet, Rationalität in der Welt nur durch Aufbau und Stabilisierung umfassenderer, komplexerer Systeme vorangetrieben werden») e 107-108 (cfr. a transcrição constante da nota 41). No mesmo sentido, T. PARSONS, *The structure of social action* II, pp. 751-752.

Em último termo – e aqui reside um aspecto fundamental –, a perspectiva em análise assenta numa compreensão atomística do homem. Na linha da moderna antropologia científica, o autor assume o último como um ser fechado sobre si mesmo, «monadologicamente» centrado na prossecução de interesses individuais de autoconservação[44]. Em conformidade, e ao invés de J. HABERMAS, nega a existência (e a possibilidade) de uma esfera material de intersubjectividade, consubstanciadora de um efectivo consenso comunitário[45]. Os princípios e normas que pautam as relações colectivas revestem, pelo contrário, o carácter convencional e fungível de uma simples estratégia

[44] Cfr. G. KISS, *Grundzüge*, pp. 24-25. No mesmo sentido, reconduzindo a acção humana a uma racionalidade instrumental-estratégica dirigida à satisfação de «interesses» que mais não representam do que a expressão de necessidades orgânico-genéticas de autoconservação e, a partir daí, compreendendo o universo cultural e normativo como o resultado da consolidação (simbólica) das soluções historicamente dadas àqueles problemas, cfr. T. PARSONS, *The social system*, pp. 4-5, 7, 9 e 10-19.

[45] No presente âmbito, J. HABERMAS afirma a auto-subsistência do «mundo da vida» *(Lebenswelt)*, enquanto conjunto de valores e representações integrador de um real consenso comunitário *(Konsens)*, gerado através de processos que traduzem uma efectiva comunicação inter-subjectiva. Nesta última, *i.e.*, na existência de uma autónoma «razão comunicativa» *(kommunikative Vernunft)* de natureza «procedimental» – oposta à razão subjectiva *(subjektive Vernunft)* da «filosofia do sujeito», que caracterizou o pensamento da modernidade e, em último termo, continua a subjazer à racionalidade sistémica de N. LUHMANN (cfr. J. HABERMAS, *Theorie des komm. Handelns* 2, pp. 196-197 e 205-206) – assentaria a constituição dos princípios, valores e normas que regem a interacção humana. Divergindo da radical separação a que se vêem votadas na teoria sistémica de LUHMANN (cfr., de seguida, o texto), na obra de HABERMAS, «pessoa» e «sociedade» constituem, a par da «cultura», as dimensões de uma mesma *Lebenswelt*, que, embora, «descentrada» naqueles três pólos, assenta a sua reprodução simbólica *(symbolische Reproduktion)* na matriz única da *kommunikative Vernunft* e, em cada momento histórico, se condensa num núcleo material de representações (= cultura)[1)], normas (= sociedade)[2)] e características individuais *(= Sprach- und Handlungskapazität)* de imputação (= pessoa)[3)] consubstanciador de um efectivo consenso comunitário. A propósito do exposto, cfr. J. HABERMAS/N. LUHMANN, *Theorie der Gesellschaft*, pp. 146 e ss. (esp. 171 e ss.), J. HABERMAS, *Theorie des komm. Handelns* 1, pp. 379 e ss. (esp. 387) e 518 e ss. (esp. 525), IDEM, *Th. des komm. Handelns* 2, pp. 173-293 (esp. 208-228), e IDEM, *Der philosophische Diskurs der Moderne*, pp. 344 e ss. e 422 e ss. (esp. 435).

de «coordenação de interesses ou vivências não idênticos», cuja implantação fica a dever-se à iniciativa de um protagonista *(Sprecher)* e à posterior consolidação pelo hábito ou repetição sociais, nada tendo a ver com a ideia de uma real comunidade de valores e de convicções[46]. Por referência aos indivíduos, o sistema social como que adquire a índole de uma realidade «virtual», *i.e.*, de um «corpo com vida própria», independente das representações de sentido dos concretos participantes. Sempre numa óptica de neutralidade axiológica, o significado ou função do sistema social, longe de consistir na realização de uma mundividência ou de um princípio de legitimação material, esgota-se na estabilização de um *(qualquer)* conjunto de expectativas de conduta *(Verhaltenserwartungen)* e, assim, no puro «facto» da existência de uma *(qualquer)* ordem de interacção.

Ao nível da construção, o exposto condensa-se na completa autonomização do sistema social em face do «sistema psíquico» ou «consciência» *(Bewusstsein)*[47]. De início, LUHMANN reconduzia o primeiro a um conjunto de «acções» *(Handlungen)* que concretizavam (e, nessa medida, se articulavam nos termos de) um quadro de expectativas preestabelecido. «Elementos» do sistema social seriam aquelas acções, assumidas na veste de simples peças de um complexo funcional que comportaria a «actualização» de um tal corpo de expectativas e, portanto, em tudo desligadas do significado que revestiam no contexto das representações axiológicas do concreto agente. Estas integrariam o universo da pessoa *(Mensch)* ou, mais propriamente,

[46] Cfr., por exemplo, N. LUHMANN, *Rechtssoziologie* 1, pp. 67-68, e IDEM, *Soziale Systeme*, pp. 148 e ss. (esp. 150 e 174 e ss.), 293 e 298-299. Sobre o exposto, mais desenvolvidamente, cfr., *infra*, texto correspondente às notas 90 e ss.

[47] A propósito da contraposição entre sistema psíquico ou consciência e sistema social, no contexto dos chamados sistemas de sentido *(Sinnsysteme)*, cfr. N. LUHMANN, *Rechtssoziologie* 1, pp. 28-31, e IDEM, *Soziale Systeme*, pp. 92 e ss. e, mais sinteticamente, 286-289.

do sistema psíquico ou consciência, pertencendo à *Umwelt* do sistema social[48].

Na última versão da sua obra, em que adere ao paradigma dos sistemas auto-referentes ou autopoiéticos, LUHMANN concebe o sistema social como um «sistema de comunicação» *(Kommunikationssystem)*[49], recondutível à categoria dos sistemas de constituição «múltipla» ou «mutualista» *(Systeme multipler/mutualistischer Konstitution)*. Partindo da mesma compreensão atomística do homem e, assim, da impossibilidade de um espaço de «comunhão» intersubjectiva[50], o sistema social integraria um conjunto de símbolos e representações gerado através de um processo comunicacional composto de três momentos (= informação/emissão/compreensão – *Information/Mitteilung/Verstehen*)[51] – processo este que, reflectindo a «mecânica» dos contactos inter-pes-

[48] Na esfera da primeira fase da obra de LUHMANN, confirmando uma ideia pacífica para a sociologia funcionalista (já enunciada por T. PARSONS, *An outline of the social system*, pp. 36-37), cfr. por exemplo, N. LUHMANN, *Soziologische Aufklärung* I, pp. 38 e ss., esp. 45, onde se escreve: «Soziale Systeme bestehen aus erwartungsgesteuerten Handlungen, nicht aus Menschen. Menschen sind für sie stets Umwelt». De modo análogo, no âmbito da distinção entre «acção» *(Handeln)* e «vivência» *(Erleben)*, emancipando o «sentido» da primeira das específicas finalidades prosseguidas pelo agente e atribuindo-lhe, ao invés, o carácter de um puro «acontecimento» *(Ereignis)*, cujo significado faz decorrer do contexto de interacção humana em que se inscreve, *i.e.*, da autónoma dinâmica de «redução de complexidade» do sistema social – circunstância de que deriva a assunção deste (e não do concreto indivíduo) como «unidade de imputação», cfr. N. LUHMANN, *Funktionen und Folgen formaler Organisation*, pp. 23-29 e 59-60, IDEM, *Soziologische Aufklärung* III, pp. 101-125, e IDEM, *Soziale Systeme*, pp. 44 e 123-127. Sobre a presente perspectiva, pondo a claro o facto de nela ir já implicada uma antecipação da actual concepção do autor, consistente na compreensão do sistema social como um «sistema de comunicação» (cfr., de seguida, o texto), ver G. KISS, *Grundzüge*, pp. 17-20.

[49] Acerca da destrinça dos conceitos de «acção» *(Handlung)* e «comunicação» *(Kommunikation)* e, bem assim, da caracterização do que entende por «sistema de comunicação», cfr. N. LUHMANN, *Soziale Systeme*, pp. 154-162 e 192 e ss.

[50] N. LUHMANN, *Soziale Systeme*, pp. 150, 153-162 e esp. 173-177, 293 e 298-299.

[51] N. LUHMANN, *Rechtstheorie* 14, pp. 134-136 e 137-138, e IDEM, *Soziale Systeme*, pp. 193-201 e 203 e ss.

soais, conduz à «emergência» de um universo de significações auto-subsistente em relação às consciências dos concretos actores.

Segundo LUHMANN, está-se em face de um sistema de constituição «múltipla» ou «mutualista», *i.e.*, de um sistema que, embora traduza o diálogo ou «comunicação» entre sistemas individuais – na medida em que tal comunicação se circunscreve ao plano exterior das manifestações (= selecções) que cada um deles «emite» para a *Umwelt* e, depois, se completa na «distorção» implicada pela «compreensão auto-referente» do interlocutor/observador *(Beobachter Perspektive)* –, «emerge» como um corpo com vida própria. Quer dizer, como uma ordem de significações autónoma e diferenciada, não recondutível a nenhum dos sistemas individuais envolvidos. Na verdadeira acepção da palavra, a comunicação intersubjectiva integra, portanto, uma *impossibilidade,* deparando-se com um universo que funciona em circuito fechado, *i.e.*, com *uma comunicação que comunica consigo mesma* e encontra na aludida auto-referência (= informação/emissão/compreensão) o código genético que preside a respectiva *autopoiesis*[52].

[52] Para uma caracterização do sistema social como um sistema de «constituição múltipla» ou «mutualista» *(System multipler/mutualistischer Konstitution),* cfr., no sentido do texto, N. LUHMANN, *Soziale Systeme,* pp. 52-53, 65-68 e 148-190 (esp. 153-162, 166-169, 177-179 e 184-187). Concretamente, escreve-se na p. 157: «Die Assimilierung von Sinnmaterialien an diese Ordnungsebene setzt, wir hatten oben bereits von 'mutualistischer' Konstitution gesprochen, zwei sich wechselseitig beobachtende selbstreferentielle Systeme voraus. Für die wenigen Hinsichten, auf die es in deren Verkehr ankommt, mag ihre Informationsverarbeitungskapazität ausreichen. Sie bleiben getrennt, sie verschmelzen nicht, sie verstehen einander nicht besser als zuvor; sie konzentrieren sich auf das, was sie am anderen als System-in-einer-Umwelt, als Input und Output beobachten können, und lernen jeweils selbstreferentiell in ihrer je eigenen Beobachtersperspektive. Das, was sie beobachten, können sie durch eigenes Handeln zu beeinflussen versuchen, und am Feedback können sie wiederum lernen. Auf diese Weise kann eine **emergente** Ordnung Zustandekommen, *die bedingt ist* durch die Komplexität der sie ermöglichenden Systeme, die *aber nicht davon abhängt, dass diese Komplexität auch berechnet, auch kontrolliert werden kann.* **Wir nennen diese emergente Ordnung soziales System**» (acentuados a «negro» nossos). Por outro lado, em sintonia com a transcrição anterior, negando a possibilidade de uma efectiva comunicação inter-subjectiva e, nessa medida, afirmando a emergência

O que vem de assinalar-se decorre dos próprios pressupostos em que assenta a última formulação da construção de LUHMANN, a cuja caracterização se procederá adiante[53]. Para maior clareza, e com a inevitável margem de imprecisão que acompanha todas as simplificações, o núcleo essencial da segunda fase da obra do autor pode resumir-se de forma esquemática[54]:

- cada indivíduo integra um sistema auto-referente *(selbstreferentiell)*, representando as suas condutas o resultado de uma selecção entre várias alternativas possíveis (= indeterminação/contingência);
- qualquer contacto intersubjectivo assenta, por isso, numa base de «dupla-contingência» *(doppelte Kontingenz)*, caracterizada pela indeterminação das condutas dos intervenientes;

de uma ordem de interacção (= sistema social) diferenciada e autónoma, assente no movimento «circular» de uma auto-referência que se cumpre nos três assinalados momentos do processo de comunicação, *i.e.*, numa «comunicação que comunica consigo mesma», cfr. IDEM, «Wahrnehmung und Kommunikation sexueller Interesse», *Soziologische Aufklärung* VI, p. 189 («Jede Beteiligung an Kommunikation macht also schmerzhaft deutlich, *wie scharf die Grenzen zwischen psychischer und sozialer Autopoiesis gezogen sind, und wie unsinnig die Meinung ist, zu der uns eine Tradition verführt: daβ Menschen kommunizieren können.* Wir erfahren jeden Tag, daβ das nicht geht – und daβ wir uns trotzdem unsere Rede zurechnen lassen müssen, weil anders die Kommunikation nicht funktionieren könnte» – itálicos nossos). A este propósito, cfr., ainda, G. KISS, *Grundzüge,* pp. 20-24; por outro lado, fazendo o contraponto entre a tese de LUHMANN e a concepção bio-psicológica que, na base do modelo autopoiético hierárquico de MATURANA, vê na sociedade um «sistema de seres humanos interligados», *i.e.*, um sistema autopoiético de grau superior (= colectividade), construído a partir de sistemas autopoiéticos de grau inferior (= indivíduos) – perspectiva que implica a consideração dos últimos como meros «elementos» do primeiro, autopoieticamente subordinados à sua dinâmica de desenvolvimento (*v.g.*. MATURANA, VARELA, HEJL, KROHN e KOPPERS) –, cfr. G. TEUBNER, *O direito como sistema autopoiético,* pp. 59 e ss.

[53] Sobre a última formulação do pensamento de N. LUHMANN, em particular acerca dos conceitos de «auto-referência» *(Selbstreferenz)* e de «autopoiese» ou «auto-reprodução» *(Autopoiesis/Selbstreproduktion)*, cfr., *infra,* texto correspondente às notas 186 e ss.

[54] Para maiores desenvolvimentos a respeito de cada um dos pontos enunciados de seguida, cfr., além das remissões feitas incidentalmente no texto, *locs. cits.*, *supra,* nota 52.

– as normas e princípios que regem a vida colectiva comportam a estabilização de um conjunto de expectativas de conduta, dando satisfação à «necessidade de ordem» inerente à personalidade humana[55];
– para a determinação do alcance daqueles princípios e normas importa, contudo, reter que – no quadro da aludida concepção «monadológica» do homem – não só cada indivíduo se apresenta como um ser impenetrável do exterior *(= black box)*[56], apenas observável *(beobachtbar)* da perspectiva reducionista das selecções que projecta ou emite *(Vermittlung)* para o «ambiente», mas também a percepção ou compreensão *(Verstehen)* das últimas por parte dos outros indivíduos, longe de assumir o cariz descritivo de uma pura reprodução, passa pelo crivo ou filtro e, assim, pelo momento «deformador» (= constitutivo) das respectivas auto-referências: toda a observação *(Beobachtung)* da *Umwelt* (e, portanto, dos comportamentos humanos alheios) por um determinado sujeito consubstancia, pois, uma «auto-observação» *(Selbstbeobachtung)*, circunstância que inviabiliza a possibilidade de uma efectiva «comunicação» intersubjectiva[57];
– em conformidade, as normas e princípios que pautam a vida colectiva não constituem a expressão de um consenso, nem de uma qualquer comunhão de valores e de convicções que condense o núcleo essencial de uma hipotética «natureza humana»; assumem antes o carácter «mutualista» ou «negociado» de uma simples composição de *interesses* («Ich tue was du willst,

[55] Sobre a «necessidade de ordem» (*i.e.*, de estabilização de expectativas), relacionando-a com a ideia da superação/regulação da angústia *(Angst)* decorrente da dupla-contingência inerente a qualquer contacto inter-subjectivo, cfr. N. Luhmann, *Soziale Systeme*, pp. 172 e 179-181; a este respeito, cfr., também, *infra*, notas 75, 123 e texto correspondente.

[56] N. Luhmann, *Soziale Systeme*, pp. 156 e 177-178.

[57] *Ibidem*, pp. 153 e ss. (esp. 156-157) e, sobre o conceito de auto-observação *(Selbstbeobachtung)*, pp. 57 e ss. (esp. 61-65). A propósito do exposto no texto, cfr., ainda, *supra*, nota 52.

wenn du tust was ich will»)[58], cujo conteúdo se autonomiza e, nessa medida, configura um *novum, i.e.*, algo diferenciado em relação às representações de sentido dos sistemas psíquicos (= indivíduos) envolvidos, integrando o universo das respectivas *Umwelte*[59];

– na base de uma compreensão atomística do homem – onde, na acepção tradicional, não tem lugar o conceito de «pessoa»[60] –, verifica-se, pois, a emergência de um sistema social autónomo, que encontra o seu código genético ou auto-referência *(Selbstreferenz)* na «circularidade» do aludido esquema mutualista e, por outro lado, na dupla-contingência que caracteriza todos os contactos intersubjectivos o elemento de «destautologização» *(Enttautologisierung)* daquela circularidade: ao motivar o constante surgimento de problemas *novos*, a dupla-contingência encarna o

[58] *Ibidem*, p. 106.

[59] *Ibidem*, pp. 156-162 (esp. 157 e 158-159) e 166-169; no mesmo sentido, a propósito do sistema social e do sub-sistema jurídico, G. TEUBNER, *O direito como sistema autopoiético*, pp. 93-94.

[60] Sem dúvida que LUHMANN continua a utilizar o termo «pessoa» *(Person)*. Contudo, no quadro da «incomunicabilidade» que caracteriza as relações inter-subjectivas (*supra*, notas 52, 57 e texto correspondente), aquela expressão não se reporta a um núcleo material de sentido, autónomo em relação ao sistema emergente «comunicação» (= sistema social). Tal como as noções de inteligência *(Intelligenz)*, memória *(Gedächtnis)* e conhecimento *(Lernen)*, o conceito de «pessoa» representa, pelo contrário, o «artefacto» *(Kunstgriff)* de que o sistema social se serve para designar algo cuja existência *pressente* mas é, por ele, inobservável *(unbeobachtbar)*, quer dizer, a existência de um mecanismo interno que faz com que todos os comportamentos humanos se orientem por expectativas e, nessa medida, constitui o pressuposto, não só da auto-referência «mutualista» que preside à emergência das expectativas sociais, mas também da respectiva projecção (recepção) ao nível do sistema psíquico ou consciência. Posto isto, o conceito de pessoa integra, ele próprio, uma emergência do processo mutualista «comunicação» e, assim, uma palavra que se limita a reflectir, no contexto desse processo, o desempenho «exterior» de um sistema psíquico que permanece uma incógnita *(= black box)* quanto aos conteúdos que caracterizam a sua auto-referência. A este propósito, cfr. N. LUHMANN, *Soziale Systeme*, pp. 155 e esp. 157-159, e, analogamente, G. TEUBNER, *O direito como sistema autopoiético*, pp. 45 e esp. 92-94.

«autocatalizador» *(Autokatalisator)* de uma evolução do sistema social que, em exclusivo assente na auto-referência mutualista, adquire uma natureza *autopoiética*[61].

Sintetizando: à luz do quadro descrito, toda a estrutura social consubstancia o resultado de uma selecção operada, entre várias alternativas, através do assinalado esquema mutualista. Por outro lado, qualquer sistema social mais não constitui do que uma sucessão encadeada de reduções da complexidade realizadas no quadro da mesma auto-referência mutualista, que se articulam nos termos de uma *Problemstufenordnung*[62].

Aliada à absolutização da racionalidade instrumental-estratégica e à consequente negação de um substrato axiológico *a se,* tal dinâmica de desenvolvimento conduz a uma «diferenciação funcional» da realidade social (= sistema social global), *i.e.,* à sua decomposição em sub-sistemas (política, economia, educação, família, direito, etc.), que integram esferas comunicacionais autónomas, subordinadas a códigos e regras de interacção diversos. A vida em sociedade apresenta-se, por isso, como um universo de «interlegalidades», caracterizado pelo cruzamento e conflito intersistémicos – aspecto que se concretiza nas dificuldades «regulatórias» de um direito que, ancorado na dicotomia justo/injusto *(Recht/Unrecht),* se confronta com a autonomia de um «objecto de regulação» apenas subordinado ao estrito utilitarismo de uma lógica de custos/benefícios[63]. Perante o exposto, em sintonia

[61] N. Luhmann, *Soziale Systeme,* pp. 173 (III), 177-179 e 182-189.

[62] Cfr., *supra,* texto correspondente às notas 18 e ss.

[63] A propósito do fenómeno da «positivização do direito», no sentido da mencionada absolutização da racionalidade instrumental-estratégica, cfr. N. Luhmann, *Positivität,* pp. 199-202, onde se afirma o primado do sub-sistema económico e, assim, a subordinação do sistema social global à pura lógica utilitarista de uma ponderação *costs/benefits* (sobre a distinção entre «código» e «programa» e a recondução do sistema jurídico ao «esquema» ou «código binário» *Recht/Unrecht,* ver Idem, *Rechtstheorie* 17, pp. 171 e ss., Idem, *Das Recht der Gesellschaft,* pp. 165 e ss., e A. Castanheira Neves, *Digesta* III, p. 254). Por outro lado, quanto à assinalada disfunção entre

com o que se escreveu a propósito do método funcionalista[64], à análise sociológica cumpre descortinar os nexos funcionais (explícitos ou latentes) em que se desdobra a realidade social e, numa perspectiva instrumental-estratégica de estrita neutralidade axiológica, encontrar alternativas causais (= equivalentes funcionais) que garantam, por oposição ao *status quo* existente, a maior eficácia ou operacionalidade (*i.e.*, a «adequada complexidade») do sistema[65].

Em decorrência do exposto, também a legitimação do direito, enquanto sub-sistema social adstrito à função da «generalização de expectativas normativas de conduta», surge em primeira linha vinculada a uma racionalidade instrumental-estratégica, assente em parâmetros de eficácia e neutral sob o prisma axiológico. Como se verá, nesse sentido aponta, aliás, a sua redução ao papel de puro instrumento ou operatória de realização dos conteúdos e programas ideológicos previamente definidos pelo sistema político[66]. Relacionado com este último aspecto, e numa aparente contradição com a assinalada legitimação funcional, LUHMANN acaba, todavia, por chegar a

«direito regulatório» e «realidade social regulada» – com referências expressas à chamada «análise económica do direito» (*v.g.*, R. POSNER, *Economic analysis of law*, pp. 3-28 e, especificamente sobre o direito criminal, 217-249) –, cfr. G. TEUBNER, *O direito como sistema autopoiético*, pp. 127 e ss., em particular 140-144, 155-165, 181-190 e esp. 206-214; ainda a respeito das dificuldades que se colocam a um «direito regulador» ou «dirigista», consubstanciador de uma ideia de planificação social (de que constitui uma perspectiva extrema o *social engineering* de R. POUND), cfr., também, N. LUHMANN, *Rechtssystem*, pp. 29-30, 31-48 e 49-159, e IDEM, *ARSP* (*Beiheft* n. F. 8), pp. 40-41 e 41-45. Por fim, reportando-se à «interlegalidade» ou «pluralismo jurídico» como característica fundamental do direito pós-moderno e, a partir daí, reconduzindo o sistema jurídico ao modelo de um «direito de conflitos inter-sistémicos», B. SOUSA SANTOS, *JLS* 14, pp. 279 e ss., esp. 286 e ss. e 297-299, e G. TEUBNER, *ob. cit.*, pp. 214-244.

[64] Cfr., *supra*, texto correspondente às notas 11 e ss.

[65] No sentido do texto, N. LUHMANN, *Soziale Systeme*, pp. 83-91 (em particular, pp. 85 e 90).

[66] Cfr., *infra*, texto correspondente às notas 105 e ss.

uma caracterização «positivista» do direito, traduzida na prevalência atribuída ao momento da lei, cujos preceitos assimila ao modelo de «programas condicionais» *(Konditionalprogramme)* que, em obediência aos objectivos da certeza e da segurança, *i.e.*, da «estabilização de expectativas», cumpre aplicar nos termos formalistas de uma metódica lógico-subsuntiva, sustentada por uma dogmática de tipo categorial--classificatório[67].

O que vem de assinalar-se relaciona-se com o facto de LUHMANN assimilar todos os sistemas a um *modus operandi* ancorado em estruturas e, assim, no estabelecimento de «respostas-tipos» que possibilitem o automatismo da solução dos problemas concretos[68]. A exacta determinação do alcance da concepção no tocante ao sistema jurídico carece, porém, de alguns desenvolvimentos. Para o efeito, a exposição começa pela análise da primeira fase da obra de LUHMANN, anterior a recepção das ideias da «auto-referência» *(Selbstreferenz)* e da «autopoiese» ou «auto-reprodução» *(Autopoiesis/Selbstreproduktion)*, na origem desenvolvidas por H. MATURANA e F. VARELA a propósito dos sistemas biológicos. Só num segundo momento se alude às últimas formulações do pensamento do autor[69].

2. Caracterização do sistema jurídico na primeira fase da obra de N. Luhmann (paradigma da «diferença sistema/ambiente»). Referência sumária à análise pessoal-funcional de H. Schelsky

Para uma correcta compreensão da teoria sociológica de LUHMANN, importa reter que ela parte do entendimento da existência social e humana como um universo de sentidos *(Sinnwelt)*. Mais concretamente, reconduz a especificidade da conexão do homem com o ambiente circundante *(Umwelt)* ao facto de integrar sempre uma

[67] Cfr., *infra*, texto correspondente às notas 144 e ss.
[68] Cfr., *supra*, texto correspondente às notas 18 e ss.
[69] Cfr., *infra*, texto correspondente às notas 186 e ss.

relação de sentido *(sinnhaft)*, que participa das características da *complexidade* e da *contingência*[70]. Nestas duas últimas notas continua a radicar, também aqui, o núcleo essencial da construção.

Com a primeira, pretende-se exprimir a ideia de que a vida se oferece, a cada momento, como um horizonte indeterminado de vivências *(Erleben)* e condutas *(Handeln)*, quer dizer, como um complexo de possibilidades *(Möglichkeiten)* que, na sua globalidade, não podem ser cumpridas ou realizadas. Da perspectiva do concreto indivíduo, qualquer percepção, comportamento ou atitude integra, por isso, o resultado de uma selecção *(Selektion)* entre várias alternativas e, assim, a decorrência de uma escolha que, de forma consciente ou inconsciente, comporta a actualização de um sentido[71].

Acresce que tais selecções envolvem «reduções da complexidade» generalizáveis para o futuro e, mediante a respectiva tradução conceitual, cristalizam-se em «tipos» ou «categorias» que, ao nível dos casos concretos, permitem substituir os mecanismos originários de selecção por processos simplificados, de cariz lógico-subsuntivo. Por outras palavras, convertem-se em «abreviaturas» *(Verkürzungen)* ou sínteses conceituais de sentido, *i.e.*, em estruturas que reproduzem a realidade em quadros estabilizados e, nessa medida, comportam uma ordem de regularidades *(Kontinuitäten)*[72] geradora de expectativas *(Erwartungen)*, que passa a funcionar como pressuposto e princípio de conduta.

No âmbito das sociedades modernas – caracterizadas por um grau de diferenciação e de complexidade que torna impraticável a autónoma elaboração de expectativas para cada situação da vida –, LUHMANN vê no automatismo de semelhante método categorial-classificatório (*i.e.*, no que apelida de substituição da «orientação por expectativas» pela simples «orientação por estruturas-

[70] N. LUHMANN, *Rechtssoziologie* 1, pp. 29-30 e 31 e ss., e IDEM, *AöR* 94, p. 15.

[71] N. LUHMANN, *Rechtssoziologie* 1, pp. 31-32, e IDEM, *Legitimation*, p. 23.

[72] N. LUHMANN, *Rechtssoziologie* 1, p. 40.

-regras») a única via de garantir a estabilização da ordem indispensável à interacção humana[73].

Sublinhe-se, também, que LUHMANN não distingue, no presente contexto, os planos cognitivo e normativo, equiparando, naquela veste de estruturas de enquadramento da realidade, tanto os conceitos e leis científico-naturais, como as representações e símbolos de índole normativa[74]. De acordo com uma concepção de neutralidade axiológica – que afasta toda e qualquer legitimação baseada em critérios materiais ou de conteúdo –, o autor atribui aos momentos valorativos um carácter convencional e fungível, restringindo a sua relevância ao aspecto formal da mera «redução da complexidade», quer dizer, ao simples objectivo da «ordem pela ordem», enquanto requisito propiciador da estabilidade das expectativas *(Erwartungssicherung)* exigida pela própria natureza da personalidade humana e indispensável à interacção social[75].

À semelhança do que sucede a propósito de qualquer outra estrutura, o fundamento da vigência das normas (em particular, das normas jurídicas) deriva, não de uma axiologia *a se,* mas da conjugação da «necessidade de ordem» com a índole complexa das comunidades

[73] N. LUHMANN, *Rechtssoziologie* 1, pp. 39, 40 e 81-85, IDEM, *Positivität,* p. 177, e IDEM, *Legitimation,* pp. 23-24 («Wahrheit ist jetzt nur noch Vorstellungsübertragung auf Grund intersubjektiv zwingender Gewissheit und wird in dieser Form streng geschieden von Vorstellungsübernahmen auf Grund persönlichen Sympathie oder Mitgliedschaft oder Machtunterlegenheit»).

[74] N. LUHMANN, *Rechtssoziologie* 1, pp. 32, 41-42 e 43-44.

[75] Este um aspecto recorrente em N. LUHMANN; a título meramente exemplificativo, cfr. N. LUHMANN, *AöR* 94, pp. 10-11, IDEM, *Rechtssoziologie* 1, pp. 36, 42, 44, 53-54, 63-64 e 99-100, IDEM, *Legitimation,* pp. 28-37 (esp. 28-30 e 31-34), e IDEM, *Soziologische Aufklärung* I, pp. 158-159, 169-171, 180 e 182-183. No contexto da última fase da obra de LUHMANN, reconduzindo à mesma ideia da «necessidade de ordem», como característica da personalidade humana, o factor determinante da redução da complexidade inerente à «dupla-contingência» das relações inter-subjectivas e, assim, da emergência do sistema social, cfr. IDEM, *Soziale Systeme,* pp. 169-173 (esp. 172) e 179-180, e IDEM, *Das Recht der Gesellschaft,* pp. 124 e ss, esp. 131 e ss. No sentido exposto, cfr. também A. CASTANHEIRA NEVES, *Digesta* III, pp. 260-262.

contemporâneas, que, ao tornar inviável a determinação das expectativas através de processos comunicacionais *directos*, postula a sua condensação num sistema de categorias ou «tipos» fechados, susceptíveis de aplicação automática. Dito de outro modo: as normas consubstanciam meros sucedâneos da impossibilidade de determinação factual-concreta das expectativas, encontrando na complexidade do horizonte social o seu exclusivo fundamento e, bem assim, na redução daquela complexidade a respectiva função[76]. Conforme se referiu (e melhor se verá adiante), esta linha de pensamento conduz a soluções coincidentes com as do mais férreo positivismo jurídico, traduzindo-se na hipertrofia do valor da segurança e na compreensão das normas como *Konditionalprogramme*, que cumpre realizar no contexto de uma dogmática lógico-formal e axiomático-dedutiva[77].

Posto isto, a tese de LUHMANN comporta a destrinça de dois níveis de análise: o horizonte da «complexidade», enquanto dado elementar e originário do que apelida de «mundo» *(die Welt)* social e humano; e o plano dos sentidos *(Sinne)*, conceito que – numa acepção onde vai assimilada a perspectiva metodológica atrás descrita – identifica com as «estruturas» ou «formas» de enquadramento, *i.e.*, com as aludidas «abreviaturas» ou «sínteses conceituais» de sentido, obtidas a partir de um processo de selecção[78]. Afastam-se, pois, as representações do senso comum, que assumem a realidade social já conformada categorialmente, *i.e.*, como corporizando, em si mesma, um todo ordenado *a priori*, em função do qual se legitimam certas expectativas e, pelo contrário, se qualificam de anormais ou «desviantes» os acontecimentos de sinal inverso.

Do prisma da presente doutrina, longe de constituírem entidades ontológicas, as estruturas consubstanciam o simples resultado de uma escolha entre múltiplas alternativas possíveis. Apesar de considerada

[76] N. LUHMANN, *AöR* 94, pp. 10-11, IDEM, *Rechtssoziologie* 1, pp. 39 e 40, IDEM, *Rechtstheorie* 4, p. 134, e IDEM, *Positivität*, p. 177.

[77] Cfr., *infra*, texto correspondente às notas 144 e ss.

[78] N. LUHMANN, *Rechtssoziologie* 1, pp. 31-32.

indispensável à interacção humana, a redução da complexidade nelas implicada envolve uma visão parcial e, assim, uma «falsificação» da realidade, circunstância que torna imanente ao próprio conceito de estrutura (e, bem assim, às expectativas que fundamenta) o risco de se verificar, na prática, a respectiva negação.

Este o conteúdo nuclear da aludida nota da «contingência» *(Kontingenz)*, que mais não pretende do que exprimir a ideia da «normalidade» do fenómeno da frustração *(Enttäuschung)* das «estruturas-de-expectativas» – quer se traduza na infirmação de leis e regularidades científico-naturais, quer consista na violação de prescrições normativas. Aqui se inclui todo o comportamento desviante e, de um modo particular, a criminalidade[79].

À luz do exposto, verifica-se uma contradição essencial entre, de uma parte, a exigência de uma ordem estabilizada de expectativas e, de outra parte, a natureza *complexa* e *contingente* da realidade, que parece impedir a consecução daquele desiderato. O que se assinala mais não traduz do que o conflito de dois interesses dominantes: o da adaptação a uma realidade em constante mutação *(Wirklichkeitsanpassung)* e o da segurança e integração social de certas expectativas *(Sicherheit und soziale Integration des Erwartens)*[80].

Na óptica da doutrina em análise, a dificuldade da sua harmonização aumenta na esfera da interacção comunitária, onde cada conduta decorre de uma autónoma «selecção» e, portanto, da específica «estrutura de expectativas» *(Erwartungsstruktur)* do concreto agente. Nas palavras de LUHMANN, as «expectativas de comportamentos» *(Verhaltenserwartungen)* têm, por isso, de passar pela representação das próprias estruturas de expectativas *individuais* que lhes subjazem, adquirindo a forma de «expectativas-de-expectativas» *(Erwartungen von Erwartungen)*. Daí deriva uma duplicação da contingência *(doppelte*

[79] N. LUHMANN, *Rechtssoziologie* 1, pp. 31 e ss. e 40 e ss. (esp. 41-42), IDEM, *Legitimation*, p. 23, e IDEM, *Positivität*, p. 177.

[80] N. LUHMANN, *Rechtssoziologie* 1, pp. 42 e esp. 44, e IDEM, *Positivität*, p. 178.

Kontingenz) que potencia o risco da frustração e constitui um obstáculo à institucionalização da ordem social[81].

Seguindo a lição de J. GALTUNG, a superação do problema há-de encontrar-se, para LUHMANN, na adequada articulação das duas vias que, em alternativa, se oferecem como resposta à questão da contingência e da frustração das expectativas. Consistem elas, *ou* no abandono (reformulação) da expectativa preexistente, de modo a conseguir o ajustamento *(Anpassung)* das estruturas à nova faceta da realidade entretanto revelada, *ou* na adopção de uma atitude de resistência aos factos *(Protest)*, traduzida na manutenção da expectativa violada. Consoante se adira a um ou outro caminho, estar-se-á perante a distinção entre expectativas «cognitivas» (= «adaptativas») e «normativas»[82]. As últimas coincidem com as chamadas proposições de «dever-ser» *(Sollen)*, esgotando-se o seu significado na estabilização «contrafáctica» de expectativas de conduta *(kontrafaktische stabilisierte Verhaltenserwartungen)*, *i.e.*, na afirmação da sua vigência incondicional *(Unbedingtheit der Geltung)*, através de processos que comportam a neutralização simbólica *(symbolische Neutralisierung)* das respectivas negações[83].

Saliente-se, ainda, que a qualificação de uma expectativa como cognitiva ou normativa nada tem a ver com considerações de natureza lógica ou ontológica, decorrentes dos conteúdos materiais em causa. Trata-se apenas de diferentes estratégias e, assim, de «equivalentes

[81] N. LUHMANN, *Rechtssoziologie* 1, pp. 32-39. Sobre a dupla-contingência, relacionando-a com o processo de interacção simbólica decorrente da interpenetração observável entre os sistemas (autónomos) «pessoa», «sociedade» e cultura», T. PARSONS, *The social system*, pp. 10-15, 17-19 e 36 e ss. (relacionadas com o exposto a pp. 5-6).

[82] N. LUHMANN, *Rechtssoziologie* 1, pp. 42 e ss. (acerca dos casos de «indiferenciação» destas duas modalidades de expectativas, pp. 44-49), e IDEM, *Positivität*, pp. 177-178; a tal propósito, cfr., também, IDEM, *Funktionen und Folgen formaler Organisation*, pp. 56-57.

[83] N. LUHMANN, *Rechtssoziologie* 1, p. 43; para uma referência aos diversos processos de neutralização simbólica que, no contexto da dimensão temporal *(Zeitdimension)* do sistema social, se oferecem como equivalentes funcionais para dar resposta à questão da «frustração de expectativas», cfr., *ob. cit.*, pp. 44-49 e esp. 53 e ss.

funcionais» de sinal inverso, que – prosseguindo unilateralmente o interesse da «adaptação à realidade» (= expectativas cognitivas) ou o interesse da «segurança e estabilização social das expectativas» (= expectativas normativas) – permitem chegar, através da sua adequada articulação, a um equilíbrio ou compromisso entre os dois vectores em conflito. A opção num sentido ou noutro – que equivale, para LUHMANN, à separação dos planos do «ser» *(Sein)* e do «dever-ser» *(Sollen)* e, bem assim, da «verdade» *(Wahrheit)* e do «direito» *(Recht)* – não corresponde, portanto, a qualquer distinção ontológica, assente numa ordem *a priori*. Antes reveste um cariz tão-só funcional e evolutivo, que se limita a reflectir a configuração assumida por aquela estratégia de compromisso num determinado momento histórico[84].

Na base de semelhante concepção, ao direito compete, pois, o papel de garantir a estabilização de uma ordem social através da definição de padrões objectivos de conduta que, indiferentes à respectiva frustração, adquirem no contexto da interacção comunitária o carácter de «expectativas normativas»[85]. As suas proposições (= estruturas) revestem, por isso, a natureza de normas[86], cuja peculiaridade reside no facto de comportarem uma *particular síntese* ou generalização simbólica *(symbolische Generalisierung)* das três dimensões fundamentais que presidem à autonomização de qualquer sistema social – *i.e.*, as dimensões «temporal», «social» e «material» *(Zeit-, Sozial-, Sachdimension)*. No específico modo como compatibiliza tais dimensões radica, em suma, a nota distintiva do direito por referência aos demais complexos de dever-ser (*v.g.*, moral, usos e costumes)[87].

[84] N. LUHMANN, *AöR* 94, p. 11 *(in fine)*, IDEM, *Rechtssoziologie* 1, p. 44, IDEM, *Soziologische Aufklärung* I, pp. 44 e 196- 198, IDEM, *Positivität*, p. 178, e, já no âmbito da segunda fase da sua obra, IDEM, *Rechtstheorie* 14, pp. 138-139.

[85] N. LUHMANN, *Positivität*, p. 179.

[86] Considerando expressamente a «norma» como uma espécie *(Unterfall)* do género «estrutura», N. LUHMANN, *Positivität*, p. 178, nota 7.

[87] N. LUHMANN, *Funktionen und Folgen formaler Organisation*, pp. 54 e ss. e esp. 59 e ss., IDEM, *Rechtssoziologie* 1, pp. 94 e ss. (sobre os demais complexos de dever-ser, pp. 27 e ss.), e IDEM, *Positivität*, p. 179.

a) A dimensão temporal do sistema jurídico – Em primeiro lugar, qualquer expectativa normativa envolve, por definição, uma ideia de projecção no tempo *(Zeitdimension)* e, assim, a introdução de mecanismos que assegurem a sua «imunidade» em relação a eventuais frustrações. Ou seja, o estabelecimento de processos tendentes a promover a manutenção da sua vigência, mediante a neutralização simbólica das violações que porventura ocorram[88]. Tal ponto de partida implica, desde logo, a recondução da finalidade primacial do direito (globalmente considerado) e das correspondentes reacções, *não* à concreta satisfação das expectativas individuais, mas à própria reafirmação contrafáctica das «expectativas-de-expectativas», *i.e.*, ao momento prévio do reforço do sentimento colectivo de confiança na vigência das normas que fundamentam as concretas expectativas – concepção que, convocando a linguagem dos penalistas, traduz a consagração de uma genuína tese de prevenção geral «positiva» ou de «integração»[89].

b) A dimensão social do sistema jurídico – O plano temporal a que vem de aludir-se não constitui, todavia, uma especificidade do universo jurídico, apresentando-se comum a todas as expectativas normativas, mesmo às que revestem cariz individual. Acresce que, ao darem satisfação ao requisito de ordem ou estabilidade inerente à personalidade humana, as expectativas normativas representam um «estilo» ou *modus* de enquadramento da realidade indispensável ao quotidiano da existência. Daí deriva, segundo LUHMANN, uma «sobreprodução» de normas, que, na globalidade, se mostram insusceptíveis de integração no sistema social. Circunstância que coloca a necessidade de determinar quais de entre elas devem presidir à convivência comunitária. Nisto consiste a dimensão social *(Sozialdimension)* do direito, enquanto

[88] N. LUHMANN, *Rechtssoziologie* 1, pp. 53 e ss. e 55 e ss. (esp. 59-60).
[89] N. LUHMANN, *Rechtssoziologie* 1, pp. 53 e ss. (esp. 54 e 60-61) e 100 (já no mesmo sentido, *ob. cit.*, pp. 38-39), IDEM, *ARSP* (*Beiheft* n. F. 8), pp. 36-41, e IDEM, *Positivität*, pp. 179-180.

estrutura de selecção das expectativas-de-expectativas (= normas) conformadoras do espaço da interacção colectiva[90].

Em ordem a uma tal selecção e, portanto, à determinação do âmbito da juridicidade, o autor começa por referir-se ao critério do «consenso» *(Konsens)* – que, na base de uma compreensão «atomística» do homem, longe de identificar com uma efectiva comunidade de valores e de convicções, reconduz ao plano *exterior* da mera «coordenação de *interesses ou vivências* não idênticos»[91]. Partindo de semelhante concepção, afasta a ideia de um consenso «fáctico» ou «empírico», consistente na ocorrência de um real e simultâneo «encontro» (= coordenação) de pontos de vista *(gleichzeitiges und gleichsinniges Erleben)*. Atenta a limitada capacidade humana para actualizar a variedade temática do universo comunicacional, essa uma situação que se mostra de verificação muito rara, quando não impossível[92].

No contexto em apreço, o termo consenso adquire, por isso, um significado diverso. Abrange, não apenas os casos de comprovada «convergência» (= coordenação) de opiniões, mas ainda todo um conjunto de representações e lugares comuns, só aceites porque não problematizados nos seus fundamentos e consequências. Os últimos constituem, em suma, a base ou o lastro, *i.e.*, uma espécie de «invi-

[90] N. LUHMANN, *Rechtssoziologie* 1, pp. 63-64 e 64 e ss., e IDEM, *Funktionen und Folgen formaler Organisation*, pp. 68 e ss.

[91] Numa referência directa à linguagem (com o apelo expresso a HUMBOLT), de que é retirada a transcrição do texto, cfr. N. LUHMANN, *Rechtssystem*, p. 52 (3.); analogamente, IDEM, *Legitimation*, p. 28 («(...) *aktueller, auf ‚zufälliger' Kongruenz der Interessen beruhender Konsens*»), IDEM, *Soziologische Aufklärung* I, pp. 159-160, 163-164 e 167-168 (onde nega a existência de «valores» e reconduz o universo da interacção a uma pura conjugação de «interesses»), e IDEM, *Rechtssoziologie* 1, pp. 67-68.

[92] Neste sentido N. LUHMANN, *Rechtssoziologie* 1, pp. 67-68 (em particular, p. 67: «Faktischer Konsens kann, wenn man darunter gleichzeitiges und gleichsinniges Erleben versteht, unter diesen Umstanden nur ein sehr seltenes Ereignis sein, und jedenfalls kann es in Bezug auf konkreten, verweisungsreichen Sinn nicht einmal voll adäquates aktuelles Erleben, geschweige denn vollen Konsens geben»), IDEM, *Rechtssoziologie* 2, pp. 280-281, IDEM, *Legitimation*, pp. 2 e 32, IDEM, *Soziologische Aufklärung* I, pp. 167-168, e IDEM, *Rechtssystem*, p. 53.

síveis correntes» do diálogo social: não erigidos em tema central de comunicação, traduzem representações acriticamente assumidas pela atitude conformista e, nessa medida, um consenso «ficcionado» *(fingiertes Konsens)*.

Na formulação de LUHMANN, trata-se de convicções a respeito das quais pode dizer-se que «quase todos pressupõem, que quase todos estão de acordo» ou, melhor ainda, «quase todos pressupõem, que quase todos pressupõem, que quase todos estão de acordo»[93]. Aqui radica o núcleo das instituições sociais, que se limitam a exprimir unidades de sentido representativas de um consenso assim ficcionado[94]. Apesar de revestir uma indeterminação de contornos propiciadora de alguma margem de «variabilidade» na fixação das concretas expectativas[95], nele residiria (e não no inatingível consenso «real» ou «fáctico») o decisivo critério definidor do direito das sociedades elementares do passado e, ainda hoje, dos conteúdos normativos que regem internamente alguns sub-sistemas restritos (*v.g.*, família, faculdades, certos grupos profissionais)[96].

Acresce que, ao comportar a mera «coordenação de *interesses* não idênticos», cada consenso (ficcionado) assume uma natureza aleatória e fungível, apenas integrando uma alternativa entre outros «equivalentes funcionais» possíveis. A respectiva institucionalização não constitui a condensação histórica de uma axiologia *a se*, antes depende de factores «acidentais», como a pertinácia, o poder de convencimento ou a simples antecipação temporal de um protagonista *(Sprecher)*; a sua subsequente manutenção fica a dever-se aos fenómenos da repetição e do hábito sociais (= conformismo), até ao momento

[93] N. LUHMANN, *Rechtssoziologie* 1, p. 71.

[94] N. LUHMANN, *Funktionen und Folgen formaler Organisation*, pp. 68-71, IDEM, *Rechtssoziologie* 1, pp. 69 e ss., esp. 72, e IDEM, *Soziologische Aufklärung* I, pp. 167-168.

[95] N. LUHMANN, *Rechtssoziologie* 1, pp. 68-69 e 72.

[96] N. LUHMANN, *Rechtssoziologie* 1, pp. 33-36 e 71-72.

em que um novo protagonista faça vingar um diferente critério de resolução de conflitos[97].

Por outro lado, atenta a instabilidade, *i.e.*, a complexidade e a contingência da *Umwelt*, os «efeitos laterais» das soluções consagradas originam um segundo estrato de problemas, cuja resposta continua a obedecer ao assinalado mecanismo de formação de consensos (ficcionados), que dão lugar a uma terceira série de problemas... e assim por diante[98]. Deste modo, também os processos elementares de institucionalização se reconduzem, para LUHMANN, a uma «ordem escalonada/encadeada de problemas» *(Problemstufenordnung)*, onde a dimensão axiológica adquire a natureza de um mero epifenómeno. Ainda aí, os valores e normas que presidem à vida comunitária relevam, não por si mesmos, mas como simples operatórias cujo significado se cumpre no objectivo instrumental-estratégico da redução da complexidade, *i.e.*, na realização da função *latente* de assegurar uma *qualquer* ordem estabilizada de expectativas de conduta *(Verhaltenserwartungen)*[99].

O exposto confirma o que atrás se escreveu quanto ao formalismo e à neutralidade axiológica da tese de LUHMANN. Recusa-se aos conteúdos jurídicos, além de qualquer dimensão ontológica, a própria base de um real consenso comunitário. Aqueles conteúdos adquirem um carácter convencional e fungível, esgotando-se o seu alcance na garantia da «ordem pela ordem». O que está em causa é, não a justeza intrínseca das soluções, mas tão-só a definição de «regras de jogo» claras e precisas, quer dizer, a pura e simples promoção da segurança

[97] N. LUHMANN, *Rechtssoziologie* 1, pp. 68-71, IDEM, *Legitimation*, pp. 27-28, e, com uma referência à problemática da «revolução», IDEM, *ARSP* (*Beiheft* n. F. 8), pp. 32-34 e 37-39.

[98] A tal propósito, pondo a claro o «encadeamento» de selecções em que assenta o conjunto de representações e normas que pautam a interacção social, N. LUHMANN, *Rechtssoziologie* 1, pp. 40-41.

[99] Cfr., *supra*, texto correspondente às notas 75 e ss.

jurídica, entendida nos moldes tradicionais e agora vazada na fórmula da «estabilização de expectativas»[100].

O que se assinala torna-se ainda mais nítido quando, a propósito das sociedades contemporâneas, LUHMANN nega a própria possibilidade de «ficcionar» um consenso global, susceptível de intervir como critério de selecção das normas jurídicas. Seguindo É. DURKHEIM, afirma que a diferenciação funcional das colectividades modernas conduz, pelo contrário, à formação de consensos localizados e, assim, à substituição das expectativas «gerais» por um cada vez maior número de expectativas «especiais», não extensíveis a todas as pessoas e só detectáveis (= ficcionáveis) no seio de determinados grupos ou estratos societários. Daí deriva, como fenómeno normal das sociedades actuais, uma situação de relativa «anomia», que se traduz em aquelas expectativas gerais tenderem a perder a «credibilidade da sua pretensão normativa» *(Glaubwürdigkeit ihres normativen Anspruchs), i.e.*, a força da sua vigência «contrafáctica», transformando-se em meras expectativas cognitivas[101].

Para superar este desfasamento observável entre, de uma parte, a complexidade e a diferenciação funcional das sociedades contemporâneas e, de outra parte, os mecanismos elementares ou tradicionais de institucionalização, LUHMANN analisa três caminhos[102]. Pondo de lado o «contrato» (insusceptível de figurar como única fonte de regulamentação jurídica)[103] e a via consistente em eleger certos sectores

[100] *Idem.*

[101] N. LUHMANN, *Rechtssoziologie* 1, pp. 72-74, e IDEM, *Legitimation*, pp. 30-31, 32-33 e 191 e ss. (estas últimas, no contexto da referência à especificidade dos processos legislativos e do consequente desinteresse que lhes é votado pelo publico em geral). No presente âmbito, cfr., ainda, IDEM, *Positivität*, pp. 188-189.

[102] N. LUHMANN, *Rechtssoziologie* 1, pp. 74-80.

[103] *Ibidem*, pp. 74-77. De modo análogo, a propósito do conflito entre «informação» e «interferência» nas relações entre o sistema jurídico e os restantes sub-sistemas sociais, afastando a possibilidade da recondução do direito, na sua globalidade, a um modelo «opcional» inspirado nos institutos do contrato e do direito subjectivo, G. TEUBNER, *O direito como sistema autopoiético*, pp. 184 e ss., esp. 188-190.

ou categorias sociais como «grupos de referência» *(Bezugsgruppe)*[104], o autor acaba por adoptar uma solução que denomina de «institucionalização da função institucionalizadora de expectativas» *(Institutionalisierung der institutionalisierende Funktion; Institutionalisierung des Institutionalisierens von Verhaltenserwartungen)*[105].

Esta última esgota-se em atribuir a específicos «papéis» *(Rolle)* ou «sub-sistemas» *(Teilsysteme)* – concretamente, à legislação, à jurisprudência e às administrações – a tarefa de ditar o direito com força vinculativa para todos os membros da colectividade[106]. Entroncando no fenómeno mais vasto da diferenciação funcional das sociedades modernas, semelhante perspectiva consubstancia o resultado da autonomização do sistema *político,* como instância funcionalmente adstrita à estabilização de uma ordem de expectativas.

No desempenho de tal função, e correspondendo ao aumento da complexidade da *Umwelt,* verifica-se a «diferenciação interna» *(interne Differenzierung)* do sistema político em três sub-sistemas – a saber, o «público» *(Publikum),* a «política partidária» *(parteimäßige Politik)* e a «burocracia» *(Bürokratie)* –, que se condicionam de modo recíproco e se articulam nos termos da aludida *Problemstufenordnung*[107], traduzindo uma sequência encadeada de reduções da complexidade, de que deriva a progressiva «determinação» das expectativas que pautam a interacção comunitária. Ao «público» cumpre escolher entre as várias alternativas ideológicas condensadas nos programas políticos; à «política partidária» elaborar os programas que, depois de votados, cristalizam as grandes linhas de organização da sociedade e do Estado; e à «burocracia» – entendida numa acepção ampla, onde cabem os parlamentos, os tribunais e as administrações – realizar essas

[104] N. LUHMANN, *Rechtssoziologie* 1, pp. 77-79.
[105] *Ibidem,* pp. 74 e 79.
[106] *Ibidem,* pp. 79-80 e 101, e IDEM, *Soziologische Aufklärung* I, pp. 163-164.
[107] Cfr., *supra,* texto correspondente às notas 21 e ss.

opções ideológicas através de leis (parlamentos) que hão-de presidir à solução dos casos concretos (tribunais, administrações)[108].

Em conformidade, o direito (condensado na lei e nas decisões judiciais e administrativas) perde autonomia intencional e converte-se num mero instrumento ao serviço das opções ideológicas do poder político[109]. A fixação dos conteúdos jurídicos deixa de ancorar em específicos princípios ou valores e adquire o carácter «decisionístico» de uma selecção (ideologicamente orientada) entre vários equivalentes funcionais: o direito identifica-se com o direito «positivo» *(Positivierung des Rechts)* e o problema da sua «validade» confunde-se com o da «legitimidade» do poder político que o institui, aspecto que se sin-

[108] No sentido do texto, sobre a «diferenciação», a «autonomização» e a «especificação funcional» do sistema político e, bem assim, no tocante à sua «diferenciação interna» nos sub-sistemas «público», «política partidária» e «burocracia» – esta última diferenciação interna a fundamentar uma nova compreensão «circular» do poder *(Macht)*, como mecanismo que, em substituição do consenso ficcionado, passa a definir as expectativas-de-expectativas que presidem a interacção social, cfr., em pormenor, N. LUHMANN, *Soziologische Aufklärung* I, pp. 154-171 e 178-198 (esp. 186-188 e 188-191); a este propósito, cfr., também, IDEM, *AöR* 94, pp. 13-15, e IDEM, *Positivität*, pp. 188-189 e 189-191. Analogamente, numa articulação com os quatro problemas essenciais de que depende, segundo T. PARSONS (*An outline of the social system*, pp. 38 e ss., e T. PARSONS/N. SMELSER, *System, change and conflict*, pp. 131 e ss.), a subsistência do sistema (= «integration-adaptation-», «goal-attainment-» e «pattern-maintenance-problem»), reconduzindo o funcionamento do sistema político-jurídico a uma *Problemstufenordnung* que se concretiza numa «cadeia» de reduções da complexidade observável desde a Constituição, passando pela legislação ordinária, até às decisões administrativas e judiciais, cfr. K. AMELUNG, *Rechtsgüterschutz*, pp. 369 e ss.

[109] Cfr., por exemplo, N. LUHMANN, *Soziologische Aufkl*ärung I, p. 187 (onde se escreve que, na actualidade, «das politische System die volle Herrschaft über das positive Recht beansprucht und durchsetzt») e, de modo concludente, IDEM, *Positivität*, p. 198 («die volle Verantwortung für das Recht auf ein relativ autonomes Teilsystem der Gesellschaft delegiert werden muss auf das politische System» (...) «wird einem Teilsystem überlassen, das hohe Entscheidungsfreiheiten in Anspruch nehmen muss und nicht mehr an eine gemeinsame, in allen Bereichen der Gesellschaft durchgehend institutionalisierte Moral gebunden sein kann»); para uma caracterização mais detalhada do ponto de vista em apreço, cfr. *obs. e locs. cits.* na nota seguinte.

tetiza numa acrítica e incondicionada aceitação da «legitimidade da pura legalidade» *(Legitimität reiner Legalität)*[110].

Por outras palavras, a legitimação das soluções deixa de radicar em critérios materiais de justiça ou verdade e passa a fundar-se, apenas, na circunstância de a respectiva obtenção ocorrer de acordo com um processo preestabelecido – processo esse que, participando das características da aleatoriedade e da indeterminação, reproduz o *modus operandi* ou racionalidade interna do sistema[111]. Nisto consiste a chamada «legitimação pelo procedimento» *(Legitimation durch Verfahren)*, que mais não traduz do que uma *autolegitimação* do sistema político-jurídico.

Na verdade, para LUHMANN, o «procedimento» constitui, não a mera repetição de um percurso ou «ritual» previamente fixado, mas um espaço de interacção dinâmico e aberto, quer dizer, uma estrutura dialógica marcada pelas notas da indeterminação e da contingência, onde nenhum resultado ou solução se encontra definido *a priori*. Consideradas em globo, e com indiferença para o facto de revestirem um sentido convergente ou conflituante, também aqui as sucessivas intervenções dos participantes se reconduzem ao assinalado modelo de uma *Problemstufenordnung*[112]. Ou seja, configuram uma ordem

[110] Sobre o exposto, cfr., desenvolvidamente, N. LUHMANN, *Soziologische Aufklärung* I, pp. 159-160, 163-164, 166-168, 180-188 (esp. 180-182 e 187-188) e 188-193, IDEM, *Legitimation*, pp. 11-37, e IDEM, *Positivität*, pp. 188-189 e 198-199. Acerca do fenómeno da «positivação do direito» *(Positivierung des Rechts)*, como consistindo na assunção do carácter «decisionístico» da definição dos conteúdos jurídicos, no quadro de uma selecção entre vários equivalentes funcionais, cfr. IDEM, *Positivität*, pp. 182-185. A respeito das relações que intercedem entre a «ideologia» e o «direito», cfr., em particular, IDEM, *Soziologische Aufklärung* I, pp. 178-198 (esp. 180-184 e 188-196). Acerca do ponto em apreço, criticamente, A. CASTANHEIRA NEVES, *Digesta* III, pp. 305 e ss.

[111] A este propósito, N. LUHMANN, *Legitimation*, pp. 38 e ss., esp. 49-51, onde se sublinha que o «procedimento» participa da indeterminação e da contingência características da racionalidade sistémica-funcional; acerca da última e da correspondente concepção do sistema como integrando a «síntese coordenadora» das soluções avançadas para os problemas suscitados pela realização da respectiva função *(= Problemformel)*, cfr., *supra*, texto correspondente à nota 17.

[112] Cfr., *supra*, texto correspondente às notas 21 e ss.

«encadeada» de reduções da complexidade, que progressivamente restringem o campo de «possibilidades» de que há-de sair a decisão final[113].

Sempre num quadro de neutralidade axiológica, aquela última assume o carácter fungível de simples alternativa entre outros equivalentes funcionais, dependendo a sua «selecção» de factores aleatórios, que se prendem com a maior ou menor competência, rapidez e argúcia dos intervenientes[114]. Dentro dos limites da respectiva «estrutura»[115], cada *concreto* procedimento actualiza, pois, o *modus* de redução da complexidade, *i.e.*, o processo aleatório de mera «composição/coordenação de interesses» que preside a *qualquer* interacção social e, como se referiu, só de forma *latente* se detecta no âmbito dos consensos (ficcionados). Em oposição a estes – que representam meros epifenómenos, por detrás dos quais se esconde o autêntico significado dos valores e normas comunitários[116] – *o procedimento consubstancia um sub-sistema que encarna a expressão institucional da própria racionalidade sistémica-funcional*[117].

[113] No sentido da caracterização do «procedimento» desenvolvida no texto, cfr. N. LUHMANN, *Legitimation*, pp. 36-37 e 38-51 (esp. 38-41, 43-47 e 49-51), IDEM, *Soziologische Aufklärung* I, pp. 160-162, e 167-168, e IDEM, *Positivität*, pp. 189 e 190.

[114] N. LUHMANN, *Legitimation*, pp. 45-47.

[115] Quanto às relações entre «procedimento» e «estrutura», cfr., já de seguida, o texto e esp. as notas 117 e 119.

[116] Cfr., *supra*, texto correspondente às notas 91 e ss.

[117] Por referência à redução da complexidade já operada pela estrutura do sistema em que se inscreve – o mesmo é dizer, dentro do leque de alternativas (= equivalentes funcionais) que compõem o horizonte da «complexidade interna» do último –, o procedimento opera uma nova redução da complexidade, consistente na selecção de uma específica solução para o problema controvertido. Na medida em que reproduz a racionalidade sistémica-funcional «em acto», o procedimento constitucional representa, para LUHMANN, um sub-sistema que participa das características dos chamados «sistemas situacionais» *(Situationssysteme)*, cuja peculiariedade reside no facto de a respectiva função (e duração) se esgotar na decisão do caso concreto, desempenhando a particular *Problemstufenordnung* que a ele conduz, *i.e.*, a «história do procedimento» *(Verfahrensgeschichte)* um papel equivalente ao das «estruturas» *(Strukturäquivalent)* nos restantes sistemas. Sobre estes pontos, cfr. N. LUHMANN, *Legitimation*, pp. 40-41,

Em sintonia com o exposto, as normas (= estruturas) que disciplinam o procedimento integram «mecanismos reflexivos» *(reflexive Mechanismen)*, quer dizer, dispositivos que reproduzem, de forma explícita, a racionalidade intrínseca do sistema político-jurídico e vinculam o seu *modus operandi* à «coordenação de interesses ou vivências não idênticos» em que assenta toda a interacção humana, retratando a própria dinâmica da realidade *empírico-social*. Como a própria designação indica, através dos mecanismos reflexivos, o sistema «reflecte» sobre si mesmo e torna explícita uma «lógica de desenvolvimento» que só de forma latente se manifesta ao nível dos consensos (ficcionados)[118].

Tais mecanismos reflexivos comportam, pois, uma «auto-regulação» do sistema *ontologicamente* fundada[119], que se assume, em termos

43-45 e 47, e Idem, *Soziologische Aufklärung* I, pp. 166-168; no concernente aos «sistemas situacionais», cfr., ainda, Idem, *Funktionen und Folgen formaler Organisation*, pp. 295-303, e, se bem que não utilizando aquela designação, G. Teubner, *O direito como sistema autopoiético*, pp. 120-122.

[118] Sobre os «mecanismos reflexivos», como envolvendo uma auto-regulação do sistema através de «estruturas» que, vinculando o seu *modus operandi* ao modelo da racionalidade sistémica-funcional, aumentam a complexidade interna do sistema e estabilizam a sua «diferença» em relação à *Umwelt*, cfr. N. Luhmann, *Soziologische Aufklärung* I, pp. 92-112 (esp. 102-108) e, especificamente a propósito do «direito» e da «ideologia», *ob. cit.*, pp. 181-185. Para o completo esclarecimento da ideia exposta no texto, cfr., ainda, acerca da distinção entre «reflexividade» e «reflexão», *ob. cit.*, pp. 99-101.

[119] Já se observou que, contrariando o ponto de partida antimetafísico, a construção de N. Luhmann encontra o seu fundamento último no plano ontológico, *i.e.*, na assunção de uma realidade empírica «complexa» e «contingente», que se articula em sistemas adstritos à realização de uma «função»; de modo análogo, o fenómeno da progressiva diferenciação funcional corresponde à dinâmica daquela realidade empírica e participa, por isso, da mesma «dignidade ontológica». Perspectivadas as coisas do prisma do sistema social, a esse nível se situa, também, a negação da autonomia da dimensão axiológica e a recondução da interacção humana à mera «coordenação de interesses ou vivências não idênticos» (cfr., *supra*, texto de notas 91 e ss.). Em conformidade, para além da diferenciação funcional do sistema político, a «estruturação» do seu *modus operandi* como um procedimento de «coordenação de interesses» inscreve-se e, portanto, encontra fundamento *ontológico* na própria dinâmica da realidade empírica (social). Outro não é, aliás, o significado das palavras de G.

instrumentais-estratégicos, como adstrita à estabilização de uma ordem de expectativas normativas de conduta. Aqui reside o decisivo significado da aludida «institucionalização da função institucionalizadora de expectativas»[120], que mais não traduz do que uma autolegitimação (ontológica) do sistema político-jurídico.

De acordo com a assinalada «diferenciação interna» do sistema político e a relativa autonomização dos seus sub-sistemas, LUHMANN distingue os procedimentos que subjazem à «votação», à «legislação», às «decisões administrativas» e às «sentenças judiciais»[121]. Enquanto os dois primeiros se reportam ao universo de uma complexidade «indeterminada» *(unbestimmte Komplexität)*, os últimos operam por sobre uma complexidade já «reduzida» ou «determinada» *(reduzierte/ /bestimmte Komplexität)* através das «selecções» efectuadas nos estratos anteriores. Assimilando uma tal contraposição de planos à destrinça entre decisões «programadoras» e «programadas» *(programmierende/ /programmierte Entscheidungen)*, LUHMANN nega ou restringe substancialmente o papel dos tribunais e das administrações como instâncias criadoras de direito, circunscrevendo a respectiva intervenção, no essencial, à mera aplicação lógico-subsuntiva da lei[122]. Nesta radica,

TEUBNER (*O direito como sistema autopoiético*, pp. 119-122), quando, numa articulação dos conceitos de ontogénese e filogénese, reconduz ao «procedimento» o momento *onto*genético do sistema jurídico. No presente quadro deverá, pois, compreender-se a afirmação, constante do texto, de que os «mecanismos reflexivos» consubstanciam uma auto-regulação do sistema *ontologicamente* fundada. Em sentido convergente, cfr. *ob. e locs. cits.* na nota anterior.

[120] Cfr., *supra*, texto correspondente às notas 105 e ss.

[121] Para uma caracterização minuciosa dos procedimentos do «voto» *(politische Wahl)*, da «legislação» *(Gesetzgebung)*, das decisões «administrativas» *(Entscheidungsprozesse der Verwaltung)* e «judiciais» *(Gerichtsverfahren)*, cfr. N. LUHMANN, *Legitimation*, pp. 55 e ss., 137 e ss. e 201 e ss., e, de modo sintético, IDEM, *Positivität*, 189-191.

[122] Embora admitindo uma intervenção «criadora» (?) do aplicador do direito restrita à redução das imprecisões porventura existentes nos «programas legais da decisão» (redução essa em todo o caso sujeita a um «controlo hermenêutico»), fundamentalmente no sentido do texto, cfr. N. LUHMANN, *Positivität*, pp. 191 e 193-195 (relacionando-as com o exposto na p. 185); num sentido análogo, IDEM, *AöR* 94, pp. 5-7 e

pois, o cerne da selecção (ideológico-política) dos conteúdos normativos, *i.e.*, das expectativas-de-expectativas que presidem à vida comunitária.

Posto isto, no contexto da diferenciação funcional das sociedades modernas, o consenso social (ficcionado) deixa de valer como instância que opera a redução da complexidade e cede o lugar a uma outra modalidade de «conformismo» ou «consenso básico» *(Grundkonsens)*, que, assente em mecanismos de identificação simbólica *(symbolische Identifikation)*, se concretiza numa atitude de incondicionada «aceitação» *(Akzeptierung)* do – ou «confiança» no – sistema político-jurídico *(Systemvertrauen)*. A este se remete a tarefa da redução da complexidade e, assim, um papel «regulador da angústia» *(Angst Regulierung)* mediante a delimitação de uma ordem de expectativas[123].

De harmonia com a prevalência atribuída ao momento da *lei*, o autor sintetiza semelhante concepção na aludida fórmula da «legitimidade da pura legalidade», asserção que condensa uma desresponsabilização do pensamento jurídico pelo conteúdo do direito, cuja definição depende, tão-só, do decisionismo político do legislador. No fundo, por detrás de uma complicada armadura teórica e conceitual, mais não se observa do que a reedição das teses positivistas da identificação do direito com a lei, a aplicar pelos tribunais e pelas administrações em termos lógico-subsuntivos[124].

21-22. Quanto a este ponto, a propósito da concepção defendida por N. LUHMANN no tocante a «dogmática jurídica», *infra*, texto correspondente às notas 149 e ss.

[123] N. LUHMANN, *Legitimation*, pp. 28-37, 107-120, 174-200 e 203-218, IDEM, *Rechtssoziologie* 2, pp. 209-210 e 281, e IDEM, *Positivität*, pp. 188-189 e 198-199; acerca do efeito «regulador da angústia» resultante da redução da complexidade operada pelo sistema político-jurídico, quando perspectivada do ângulo do «sistema psíquico» ou «consciência», IDEM, *Rechtssoziologie* 1, p. 41, e, especificamente a propósito do sub-sistema legislação, IDEM, *Legitimation*, pp. 174 e ss. (*passim, v.g.*, 193-194 e 199-200). No mesmo sentido, a respeito de todos os «sistemas formais», reconduzindo o consenso (ficcionado) à incondicional «aceitação» do (ou «confiança» no) sistema *(Systemvertrauen)*, IDEM, *Funktionen und Folgen formaler Organisation*, pp. 60-61 e 72-73.

[124] Neste preciso sentido, afirmando que a concepção sistémica-funcional de LUHMANN leva às últimas consequências os postulados do positivismo jurídico,

c) A dimensão material do sistema jurídico – O que acaba de assinalar-se logra confirmação na análise da terceira dimensão do «universo de sentidos» *(Sinnwelt, -horizont)* em que se inscreve o sistema jurídico, *i.e.*, a «dimensão material» *(Sachdimension)* – plano que LUHMANN associa à determinação do «conteúdo» das concretas expectativas-de-expectativas (= normas)[125]. Quanto a este ponto, começa por afirmar que as expectativas normativas (e, portanto, as proposições jurídicas) devem ter uma correspondência nas estruturas do mundo da vida *(Lebenswelt)*[126].

No âmbito de uma perspectiva metodológica que entende as normas como sínteses ou «abreviaturas» conceituais de sentido, *i.e.*, como categorias ou tipos fechados de enquadramento da realidade[127], o problema resume-se, contudo, à determinação do grau de generalidade e de abstracção a que deve subordinar-se uma tal «redução *(conceitual)* da complexidade». A este propósito, LUHMANN distingue quatro níveis de «corte», consoante o critério subjacente à selecção da expectativa consista nas capacidades individuais do destinatário *(Person)*, nos requisitos objectivos de «funções» ou «papéis» sociais *(Rolle)*, em regras ou «programas» de conduta aplicáveis à generalidade das pessoas *(Programme)* ou, por fim, na pura e simples referência a «bens» ou «valores» *(Werte)*[128].

cfr. A. BARATTA, *DocPen* 8, pp. 4-5, e D. INNERARITY, *Persona y derecho* 17, pp. 16 e ss., esp. 22-26. Ainda este propósito, *infra*, texto correspondente às notas 146 e ss.

[125] N. LUHMANN, *Funktionen und Folgen formaler Organisation*, pp. 63 e ss., e IDEM, *Rechtssoziologie* 1, pp. 80 e ss.

[126] N. LUHMANN, *Rechtssoziologie* 1, pp. 80-81.

[127] *Ibidem*, pp. 81-85. O que se afirma no texto mais não constitui, de resto, do que a concretização, no plano jurídico, da recondução da racionalidade sistémica-funcional a uma redução da complexidade consistente num processo «histórico» de criação estruturas, que se articulam nos termos de uma *Problemstufenordnung*; cfr., *supra*, texto correspondente às notas 21 e ss.

[128] N. LUHMANN, *Rechtssoziologie* 1, pp. 85 e ss., e IDEM, *Soziologische Aufklärung* I, pp. 188-190. Para maior clareza, saliente-se que, na obra de LUHMANN, o termo «valor» *(Wert)* designa o concreto *quid* que é objecto de uma predicação positiva ou negativa e, assim, a «coisa (des)valiosa», identificando-se com aquilo que, na linguagem jurí-

A amplitude das modernas sociedades industriais, a motivar o predominante anonimato em que se desenvolve o quotidiano da interacção humana, condicionaria que as «estruturas-de-expectativas» tendam hoje a constituir-se, prevalentemente, por sobre aqueles *modi* ou formas «intermédios» dos *Rolle* e *Programme*[129]. Pelas mesmas razões, a tais modelos devem ater-se, também, as normas jurídicas[130]. A isso se restringe a assinalada exigência da adequação das expectativas--de-expectativas às estruturas da *Lebenswelt*. A dimensão material resume-se, pois, à questão metodológica do nível de abstracção a que deve subordinar-se a redução (conceitual) da complexidade, em nada contendendo com a definição dos conteúdos de sentido das concretas normas jurídicas. Este um problema que cumpre resolver na órbita da atrás referida *dimensão social*, de acordo com o mencionado processo de «institucionalização da função institucionalizadora de expectativas normativas de conduta»[131].

Como se assinalou, na sua tarefa de definir uma ordem reguladora da interacção humana, a peculiaridade do direito reside no facto de integrar uma estrutura de redução da complexidade que combina as exigências, por vezes antagónicas, das três dimensões *(temporal, social e material)* a que vem de aludir-se[132]. As normas jurídicas constituem, pois, expectativas de condutas a respeito das quais se observa a con-

dica tradicional, se denomina de «bem» *(Gut)*; cfr., a este propósito, IDEM, *Rechtssoziologie* 1, pp. 88-89.

[129] N. LUHMANN, *Funktionen und Folgen formaler Organisation*, pp. 65-68, IDEM, *Rechtssoziologie* 1, pp. 92-93, e IDEM, *Soziologische Aufklärung* I, pp. 155-156 e 189-190.

[130] A tal propósito, dando prevalência aos *Programme* e, dentro destes, aos chamados «programas condicionais» *(Konditionalprogramme)*, por oposição aos «programas finais» *(Zweckprogramme)*, no contexto de uma concepção «relacional-funcional» da dogmática jurídica *(funktional-relationierende Dogmatik)*, cfr., *infra*, texto correspondente às notas 145 e ss.

[131] Cfr., *supra*, texto correspondente às notas 105 e ss.

[132] N. LUHMANN, *Funktionen und Folgen formaler Organisation*, pp. 54-59, e IDEM, *Rechtssoziologie* 1, pp. 94 e ss., esp. 99-101 e 101-103.

cordância dos específicos e autonómos mecanismos de selecção de cada um daqueles estratos. Não vinculado a conteúdos preestabelecidos, o direito representa, portanto, um mero «lugar» ou ponto de encontro de três «lógicas» distintas: qualquer instituto ou norma consubstancia, não uma estrutura homogénea, concretizadora de um critério material *a priori,* mas o resultado da harmonização de horizontes de selecção diferenciados, que apenas convergem «acidentalmente» no plano exterior do objecto das respectivas densificações, *i.e.,* a propósito de uma certa expectativa de conduta[133].

Tudo para concluir, em síntese, na recondução do critério da juridicidade a um mero processo de «cruzamento» ou «compatibilização selectiva» *(selektive Kompatibilität)* entre os equivalentes funcionais das dimensões temporal, social e material. Perspectiva que culmina numa caracterização formal do direito, assente em três pólos fulcrais. A saber, nos elementos «sanção», «procedimento» e «programa». Em termos definitórios, o direito integra, pois, uma ordem de expectativas normativas de conduta enunciadas sob a forma de «programas» *(= Sachdimension),* estabelecida mediante um «procedimento» *(Verfahren)* de institucionalização predeterminado *(= Sozialdimension)* e cuja vigência contrafáctica é garantida através do mecanismo da «sanção» *(= Zeitdimension)*[134].

À semelhança do que se afirmou no tocante às estruturas normativas em geral, também aqui os conteúdos adquirem um carácter convencional e fungível. Dentro de uma perspectiva de neutralidade axiológica, depara-se com uma teoria evolutiva do direito, em que a concreta configuração dos preceitos jurídicos se limita a reflectir a estratégia de redução da complexidade adoptada, num determinado momento histórico, como resposta ao problema da compati-

[133] Cfr. *obs. e locs. cits.* na nota anterior, esp. N. LUHMANN, *Rechtssoziologie* 1, pp. 99-100 e 101-103.

[134] N. LUHMANN, *Rechtssoziologie* 1, p. 103; para uma referência pormenorizada à «compatibilização selectiva» das dimensões temporal, social e material, cfr., *ob. cit.,* pp. 98-102.

bilização das mencionadas dimensões temporal, social e material[135]. A isto se resume o que LUHMANN denomina de «generalização congruente de expectativas normativas de conduta» *(Kongruente Generalisierung von normativen Verhaltenserwartungen; Generalisierung von Verhaltenserwartungen)*[136], noção que condensa o sentido da função do direito como instituição considerada indispensável e conatural a qualquer sociedade humana[137].

O exposto reflecte-se, aliás, no próprio significado atribuído à «justiça» *(Gerechtigkeit)*, que LUHMANN identifica com a «adequada complexidade» *(adäquate Komplexität)* do sistema jurídico. Tal conceito limita-se a exprimir a compatibilização entre as exigências de regulamentação postas pela sociedade ao direito (= complexidade *externa*) e, por outro lado, a capacidade deste último (= complexidade *interna*) para as converter em estruturas ou sínteses conceituais, *i.e.*, num sistema categorial-classificatório que viabilize a uniformidade ou consistência *(Konsistenz)* das decisões[138].

Assim compreendida, longe de integrar uma virtude ou um valor e, portanto, um princípio *material* supra-positivo que, a um tempo, intervém como instância crítica do direito legislado e parâmetro de solução dos casos concretos, a justiça constitui uma categoria *do sistema (Systemkategorie)*. Circunscreve-se, numa palavra, ao plano exterior da caracterização sistémica-funcional do direito, *i.e.*, a uma sua apreciação *global* do prisma da operacionalidade instrumental-

[135] *Ibidem*, pp. 100 e 103 e ss., esp. 103-106.

[136] Cfr., por exemplo, N. LUHMANN, *Funktionen und Folgen formaler Organisation*, pp. 55-56, IDEM, *Rechtssoziologie* 1, pp. 94, 98 e 103, e IDEM, *Rechtssystem*, p. 24.

[137] N. LUHMANN, *Rechtssoziologie* 1, pp. 105-106, IDEM, *ARSP* (*Beiheft* n. F. 8), pp. 40-41, e, se bem que pertencendo já à segunda fase da obra do autor, IDEM, *Rechtstheorie* 14, pp. 150-154 (relacionadas com o exposto nas pp. 146-148).

[138] N. LUHMANN, *Rechtstheorie* 4, pp. 131 e ss., esp. 142-147 e 147-153, IDEM, *Rechtssystem*, pp. 20-23 e 49-52, e IDEM, *ARSP* (*Beiheft* n. F. 8), pp. 42-43; a propósito da tensão entre as duas exigências referidas no texto, cfr., ainda, G. TEUBNER, *O direito como sistema autopoiético*, pp. 211-214 e 242-244.

-estratégica para cumprir a função da «generalização de expectativas normativas de conduta»[139]. Identificada com a «adequada complexidade» do sistema jurídico, a justiça mais não exprime do que a vinculação do direito ao aludido modelo da racionalidade sistémica-funcional, enquanto critério *regulativo (regulativ, Kontrollformel)* de um *modus operandi* ancorado na criação de estruturas que, não só garantem, através de uma aplicação lógico-subsuntiva, a uniformidade ou consistência das decisões, mas ainda condicionam o campo das «possibilidades» *(Möglichkeiten)* e, nessa medida, asseguram uma «progressão» também consistente (= coerente) para a solução de novos problemas *(Konsistenter Progression zu andersartigen Entscheidungen = Problemstufenordnung)*[140].

Vale por dizer, em síntese, que a justiça se confunde com a própria «funcionalidade» do sistema jurídico. Consubstancia um critério regulativo que aponta para a compatibilização ou concordância *pragmática* das diversas variáveis de que depende a *eficácia* do seu desempenho, simbolizando um «ponto óptimo» ou «referente ideal de

[139] N. LUHMANN, *Rechtstheorie* 4, pp. 143-144, 146 (4.), 154 e 166-167 (relacionando-as com o exposto a pp. 136 e 137-139), e IDEM, *Rechtssystem,* pp. 20-21 e 49-50. Precisamente no sentido do texto, confirmando uma tal assimilação da justiça à própria racionalidade sistémica-funcional, aponta o facto de N. LUHMANN (*Soziale Systeme,* p. 13) eleger, em tese geral, no tocante a qualquer disciplina ou ramo do saber, a «adequada complexidade do sistema» (*i.e.,* da arquitectura teórica e dos respectivos mecanismos de intervenção), identificada com a operacionalidade instrumental-estratégica das suas estruturas para organizar e reduzir a complexidade externa da *Umwelt,* como o critério epistemológico por que se afere a validade de toda a abstracção conceitual.

[140] Acerca da teoria sistémica-funcional de LUHMANN e da (aí implicada) concepção evolucionista do sistema, que o autor reconduz ao modelo de uma *Problemstufenordnung,* cfr., *supra,* texto correspondente às notas 21 e ss. No específico sentido exposto, N. LUHMANN, *Rechtstheorie* 4, pp. 147 e esp. 147 (6., *in fine*) e 152-153 (onde se enunciam algumas reservas quanto a capacidade da dogmática jurídica no que concerne à mencionada «progressão consistente» do sistema para a decisão de *novos* casos, remetendo-se tal tarefa para o domínio da lógica – p. 152).

perfeição» à luz de um estrito parâmetro instrumental-estratégico[141]. Na órbita de uma construção que nega a existência de um consenso comunitário (real ou ficcionado) e atribui a certos papéis ou sub-sistemas a tarefa de definir as normas que devem reger a interacção social[142], a tese exposta envolve a identificação da justiça com o tradicional valor da segurança, condensando-se na pura exigência da operacionalidade do sistema para promover a estabilização contrafáctica de uma *qualquer* ordem de expectativas[143].

A assimilação do direito (e da justiça) à função da mera generalização «congruente» de expectativas encarna uma concepção utilitarista, que, em sintonia com os pressupostos adoptados, adscreve o sistema jurídico *(globalmente considerado)* a uma estrita «racionalidade final» *(Zweckrationalität)*, de tipo instrumental-estratégico. O que se afirma concretiza-se, aliás, na vinculação do direito à realização dos objectivos ideológicos do sistema político[144]. Válida no plano teoré-

[141] Reconduzindo o conceito «sistémico» de justiça à assinalada ideia de uma correlação ou combinação (pragmática) das diversas variáveis de que depende a eficácia ou operacionalidade instrumental-estratégica do sistema jurídico, cfr. N. LUHMANN, *Rechtstheorie* 4, pp. 153-156. No mesmo sentido, afirmando expressamente que a justiça integra o «critério da perfeição do sistema jurídico» considerado na sua globalidade e, por isso, da sua «adequada complexidade interna» *(Perfektion des Systems/Perfektion der Einheit des Systems)*, IDEM, *Rechtssystem*, p. 20.

[142] Cfr., *supra*, texto correspondente às notas 105 e ss.

[143] Confirmando a interpretação exposta, cfr. N. LUHMANN, *Rechtstheorie* 4, p. 156. A este propósito, cfr., também, IDEM, *Soziologische Aufklärung* I, pp. 193-196. Sublinhe-se, por último, que a afirmação do texto assume como referente a «segurança jurídica» na acepção tradicional; sobre o diferente significado atribuído àquela segurança jurídica (que o autor identifica com a «proibição da denegação de justiça» – *Verbot der Justizverweigerung*) e ao modo como equaciona a sua articulação com a justiça (= «adequada complexidade interna» do sistema jurídico), IDEM, *Rechtstheorie* 4, pp. 162-166, esp. 165-166. Em sentido convergente, criticando a neutralidade axiológica de tal concepção do direito e da justiça, do mesmo passo que assinala os perigos que encerra do ângulo da «funcionalização» da pessoa, A. CASTANHEIRA NEVES, *Digesta* III, pp. 260-262, 262-264 (sobre a justiça como a «adequada complexidade» do sistema jurídico) e 305 e ss.

[144] Cfr., *supra*, texto correspondente às notas 109 e ss.

tico da fundamentação do direito como estrutura social, semelhante caracterização perde, contudo, em acuidade quando se perspective o sistema jurídico «por dentro», *i.e.*, no modo como LUHMANN concebe a sua actuação.

Com efeito, uma vez definidos os respectivos conteúdos através dos mecanismos de institucionalização atrás indicados, as proposições jurídicas fundamentam expectativas normativas, assumindo a natureza de prescrições de dever-ser que, ao mesmo tempo, intervêm como critérios de valoração das situações concretas. Segundo LUHMANN, nesta última veste se teria, aliás, verificado a «diferenciação» *(Ausdifferenzierung)* do direito como sub-sistema social. Circunstância que justifica, ao nível da análise sociológica, a sua assunção como um «sistema de resolução de conflitos» *(System der Konfliktsentscheidung)* e, bem assim, das respectivas normas como «programas de decisão» *(Entscheidungsprogramme)*[145].

Partindo de semelhante quadro, o autor recusa, todavia, a possibilidade de as disposições jurídicas revestirem, em qualquer caso, o carácter de «programas finais» *(Zweckprogramme)*, que erijam o parâmetro da eficácia ou a pura «lógica do resultado» *(Folgenorientierung)* como regra de decisão das hipóteses controvertidas. Além de a contingência da vida moderna pôr em causa a sua praticabilidade, aquele modelo de racionalidade entraria em colisão com a própria natureza «contrafáctica» e, assim, com o *modus* de redução da complexidade peculiar das estruturas jurídicas, envolvendo a negação, *i.e.*, uma autêntica *annihilatio* do direito[146].

[145] N. LUHMANN, *AöR* 94, pp. 15-16, IDEM, *Rechtssystem*, pp. 17 e 24, e IDEM, *Positivität*, pp. 193-194.

[146] Este repúdio da *Zweckrationalität* reporta-se, apenas, ao plano metodológico e, assim, à possibilidade de atribuir aos aplicadores do direito (*v.g.*, tribunais ou administrações) uma total discricionariedade na decisão dos casos controvertidos, subordinando-a ao exclusivo critério de uma (incontrolável) prognose dos correspondentes efeitos *(Folgenorientierung)*. O que se afirma no texto já não vale, obviamente, no tocante ao sentido do direito e das normas jurídicas, que, de acordo com os pressupostos da teoria sistémica-funcional, se limitam a concretizar as opções ideológicas

Posto isto, e no contexto do mencionado entendimento do direito como um sistema de «resolução de conflitos», LUHMANN começa por reconduzir as normas jurídicas ao esquema clássico dos «programas condicionais» *(Konditionalprogramme)*, compreendendo-as como regras de decisão que comportam a descrição de uma situação da vida (= hipótese), a cuja verificação (= elemento condicional) fazem corresponder uma determinada consequência, positiva ou negativa (= sanção)[147]. Com a adopção de tal modelo, o autor prossegue, sobretudo, os objectivos da segurança e da certeza na aplicação do direito, entendidos nos velhos moldes positivistas. No fundo, tem-se em vista a definição *a priori*, pelo legislador, das «situações-problemas» (= conflitos) e das correspondentes soluções numa tipologia que, através do automatismo do método lógico-subsuntivo, propicie a uniformidade ou consistência das decisões. Ainda aqui se trata, numa palavra, de garantir a estabilização de uma ordem de expectativas – agora referida, não directamente às condutas dos demais membros da colectividade, mas ao sentido da resolução dos conflitos por parte das instâncias competentes[148].

O que se afirma é, todavia, prejudicado pelo carácter abstracto das normas jurídicas, que, ao possibilitarem interpretações divergentes, geram relações de «dupla-variabilidade» *(zweiseitige Variabilität)*, incompatíveis com a assinalada segurança e estabilização das expecta-

do poder político e, por conseguinte, assentam numa perspectiva instrumental-estratégica de estrita neutralidade axiológica. No presente contexto, cfr. N. LUHMANN, *Rechtssystem*, pp. 17 e ss. (esp. 29-30) e 31 e ss. (esp. 38-48), IDEM, *Rechtstheorie* 4, pp. 157-159 e 159-160, IDEM, *Soziologische Aufklärung* I, pp. 192-193, e, já no âmbito da segunda fase da sua obra, IDEM, *Rechtstheorie* 14, pp. 143-146. Reportando-se à questão desenvolvida no texto, ver, entre nós, A. CASTANHEIRA NEVES, *Digesta* III, pp. 241 e (falando do regresso ao positivismo jurídico) 266-267.

147 N. LUHMANN, *AöR* 94, pp. 3-5, IDEM, *Soziologische Aufklärung* I, p. 192, e IDEM, *Positivität*, pp. 193-194.

148 N. LUHMANN, *AöR* 94, p. 4, IDEM, *Rechtssystem*, p. 35, e IDEM, *Positivität*, pp. 194-195 (esp. n.os 2 e 3).

tivas[149]. Neste plano reside, precisamente, o espaço de intervenção da *dogmática jurídica,* enquanto mecanismo dirigido à «redução da complexidade» decorrente das aludidas relações de dupla-variabilidade. A sua função consiste na selecção, de entre todos os sentidos que o *elemento gramatical* da norma comporta, daquele que mais se ajusta às estruturas do sistema social e, por conseguinte, melhor concretiza, a propósito do instituto em apreço, a ideia da «adequada complexidade» (= justiça) do sistema jurídico.

Mantendo-se fiel a um pensamento categorial-classificatório, o autor chega, assim, a uma dogmática assente no que apelida de «conceitos adequados socialmente» *(gesellschaftsadäquaten Rechtsbegriffe), i.e.,* em sínteses conceituais ou «tipos» que condensam o sentido do direito e garantem, através de uma aplicação lógico-substantiva, a uniformidade ou consistência das decisões. A isto se resume o que Luhmann designa de «dogmática relacional-funcional» *(funktional-relationierende Dogmatik)*[150].

No fundo, depara-se com uma concepção que erige o critério *transpositivo* da «adequada complexidade» e, assim, a pura «funcionalidade» do sistema jurídico como referente para a interpretação da lei e princípio rector da elaboração dogmática[151]. No presente âmbito, as várias alternativas que o texto da norma comporta assumem a natureza de equivalentes funcionais, dependendo a selecção daquela que há-de subjazer à definição das categorias dogmáticas, não de razões de índole axiológica atinentes às convicções ético-sociais reinantes ou

[149] N. Luhmann, *Rechtssystem,* pp. 17-18.

[150] Sobre estes pontos, N. Luhmann, *Rechtssystem,* pp. 49 e ss., esp. 52-57 (relacionando-as com o exposto a pp. 18-23), e Idem, *AöR* 94, pp. 23-24.

[151] No sentido do texto, assumindo a justiça, *i.e.,* a «adequada complexidade» (= funcionalidade) do sistema jurídico como expressão da própria racionalidade sistémica-funcional e, nessa medida, como um critério transpositivo que, em última análise, radica no fundamento «ontológico» de uma realidade empírica complexa e contingente, «organizada em sistemas», cfr. N. Luhmann, *Rechtstheorie* 4, pp. 131-133.

à vontade do legislador[152], mas de considerações de eficácia ou operacionalidade com vista à resolução do problema (= função) em apreço. Outro não é o significado das palavras de LUHMANN, quando escreve que, ao assentar em conceitos «socialmente adequados», a dogmática relacional-funcional constitui o instrumento de efectivação da justiça, quer dizer, da «adequada complexidade» do direito ao nível da regulamentação dos particulares problemas ou institutos[153].

Se a justiça (= adequada complexidade) consubstancia a hipostasiação da racionalidade sistémica-funcional na esfera do direito e, por conseguinte, um «referente ideal de perfeição» ancorado em estritos padrões instrumentais-estratégicos[154], a dogmática relacional-funcional encarna a própria racionalidade sistémica-funcional «em acto», limitando-se a realizar, num plano de maior determinação conceitual do que a lei, a mesma intenção de estabilização de uma ordem de expectativas que informa todo o sistema jurídico[155]. Tal circunstância concretiza-se, para LUHMANN, na comunicabilidade ou interpenetração *(Verzahnung)* hoje observável entre as análises dogmáticas e os trabalhos de reforma legislativa[156].

[152] Para uma contraposição dos conceitos de «fim» *(Zweck)* e «função» *(Funktion)*, cfr. N. LUHMANN, *Soziologische Aufklärung* I, pp. 10, 25 e ss. e 45 e ss., e, na literatura jurídico-penal, com uma referência explícita ao «pensamento do fim» de R. VON IHERING, ver K. AMELUNG, *Rechtsgüterschutz*, pp. 370 e ss. (relacionadas com o exposto a pp. 62 e ss.).

[153] N. LUHMANN, *Rechtssystem*, pp. 49-50.

[154] Cfr., *supra*, nota 141 e texto correspondente.

[155] Tendo presente o que se referiu, *supra*, nota 151, cfr. N. LUHMANN, *AöR* 94, p. 24, e IDEM, *Rechtssystem*, pp. 18-20, onde, numa analogia com a teoria do conhecimento, se reconduz a dogmática ao plano dos *Dispositionsbegriffe*, assimilando-a a um puro «modelo» ou «forma» de racionalidade que, na base do «material normativo» fixado pelo legislador, define as «condições do juridicamente possível» *(Bedingungen des juristisch Möglichen)* através da criação de estruturas (= categorias) construídas a partir de um exclusivo critério «funcional»; a este propósito, procedendo a uma caracterização do «método de abstracção relacional-funcional» *(funktional-relationierenden Abstraktionsstil)* que mais não traduz do que a assimilação da dogmática jurídica ao próprio modelo da racionalidade sistémica-funcional (= estrutural-funcional), cfr., IDEM, *Rechtssystem*, pp. 52-55.

[156] N. LUHMANN, *Rechtssystem*, pp. 53-54 e 55.

O que se assinala torna-se mais claro quando se tenha presente o modo como o autor, ultrapassando a tradicional contraposição dos planos do «ser» e do «dever-ser», concebe as relações entre a sociologia (leia-se, sociologia sistémica-funcional) e o direito[157]. Usando as suas palavras, a primeira integra uma «ciência preparadora da ciência jurídica» *(Vorbereitungswissenschaft der Rechtswissenschaft)*, competindo-lhe desvendar os nexos funcionais (explícitos ou latentes) e, assim, o leque de alternativas sobre que há-de incidir a selecção do legislador[158]. Uma vez promulgada, e de acordo com uma interpretação de raiz objectivista[159], a norma autonomiza-se, porém, da específica vontade do legislador histórico e, dentro dos limites consentidos pelo respectivo elemento gramatical, adquire um significado próprio, coincidente com aquele que, de um prisma instrumental-estratégico, melhor se ajuste à resolução do problema.

Transportada para o universo jurídico português, pode dizer-se que a concepção de LUHMANN «reescreve» o artigo 9º, nº 3, do nosso Código Civil, à luz de um estrito ponto de vista sistémico-funcional. No fundo, está-se perante uma orientação teleológica assente na ficção de um legislador «ideal», que, no contexto dos diversos sentidos que a letra da lei admite, quis consagrar a resposta funcionalmente mais ajustada ao caso. Com base nos ensinamentos (sempre actualizáveis) da investigação sociológica, à dogmática relacional-funcional cumpre, pois, concretizar a intenção instrumental-estratégica desse legislador ideal e assumi-la como referente ou princípio rector *(Bezugspunkt)* para a construção da estrutura categorial-classificatória que preside à solução das hipóteses controvertidas[160].

[157] N. LUHMANN, *Grundrechte,* pp. 20 1 e ss., e IDEM, *AöR* 94, pp. 15 e ss.

[158] N. LUHMANN, *AöR* 94, pp. 20-21, IDEM, *Positivität,* p. 197; analogamente, IDEM, *Grundrechte,* pp. 203 e ss.

[159] N. LUHMANN, *Positivität,* p. 183, nota 26 e texto correspondente.

[160] Sobre o exposto, N. LUHMANN. *AöR* 94, pp. 20-24, e IDEM, *Rechtssystem,* pp. 49-59. Especificamente no sentido do texto, vinculando o *modus operandi* relacional-funcional da dogmática jurídica aos *Bezugspunkte* (= funções) plasmados na lei, IDEM, *Rechtssystem,* pp. 53-55 e 55-57 (esp. 57, *in fine*). No âmbito da literatura jurídico-penal,

Salvaguardadas as devidas diferenças, verifica-se algo de semelhante às relações que, na obra de F. VON LISZT, intercediam entre o direito e a política criminais[161]: compreendida nos termos descritos, também para LUHMANN a letra da lei integra uma «fronteira inultrapassável», restringindo-se a dogmática relacional-funcional (e, portanto, a análise sistémica-funcional que lhe preside), em tudo que não caiba naquele limite, ao plano teórico das sugestões *de iure condendo*[162]. Aqui radica, aliás, o potencial de crítica da dogmática relacional-funcional ao direito positivo e a aludida interpenetração das suas análises com os trabalhos de reforma legislativa.

A perspectiva instrumental-estratégica subjacente à caracterização da lei e da dogmática relacional-funcional acaba, todavia, por diluir-se no âmbito da concreta realização do direito pelos tribunais e administrações. A extraordinária complexidade da realidade social – aliada à premência temporal das decisões e à falta de preparação sociológica das instâncias competentes – tornaria impossível operacionalizar, a esse nível, os dados da investigação empírica. Acresce que a variabilidade das soluções colidiria com o objectivo da estabilização contrafáctica de expectativas, em que se esgota a função do sistema jurídico[163]. Posto isto, na base da mencionada distinção entre decisões «programadoras» e «programadas», LUHMANN faz recair toda a responsabilidade da adequação do direito à realidade social na *lei* e na *dogmática*, reconduzindo a intervenção das entidades judiciais e administrativas a processos automáticos de cariz lógico-subsuntivo.

consagrando a perspectiva descrita, cfr., por exemplo, K. AMELUNG, *Rechtsgüterschutz*, pp. 370 e ss.

161 F. VON LISZT, «Ueber den Einfluβ soziologischen und anthropologischen Forschungen auf die Grundbegriffe des Strafrechts» (1903), *Strafrechtliche Aufsätze und Vorträge* II, p. 80.

162 Num sentido que parece legitimar as afirmações do texto, cfr. N. LUHMANN, *AöR* 94, pp. 16-20, e IDEM, *Rechtssystem*, pp. 53-55.

163 N. LUHMANN, *AöR* 94, pp. 19-20 e esp. 22-23, IDEM, *Positivität*, pp. 190-195.

Atento o que se referiu acerca das relações que intercedem entre os sistemas político e jurídico[164], tal circunstância condiciona que a actividade daquelas instâncias mais não signifique, na prática, do que a mera concretização das opções valorativas (= ideológico-políticas) do legislador[165]. Em conformidade, tomando por base a contraposição de M. Weber entre «racionalidade valoradora» *(Wertrationalität)* e «racionalidade final» *(Zweckrationalität)*[166], o pensamento jurídico, ao nível da solução dos casos controvertidos, embora se demita do autónomo papel de demarcar o conteúdo material do direito, continua a assumir, em certo sentido, a natureza de uma *Wertrationalität:* a saber, de uma racionalidade que afasta o critério instrumental-estratégico da *Folgenorientierung*[167] e se remete à actualização das opções «valorativas» da lei, através de uma metódica que, sustentada por uma dogmática de tipo categorial-classificatório, se pretende cunhada pelo automatismo da mera subsunção[168].

A partir do exposto, assinale-se, por último, que não se acompanha, nos exactos termos em que se encontra formulada, a opinião

[164] Cfr., *supra*, texto correspondente às notas 105 e ss.

[165] Para uma confirmação da ideia exposta, no contexto da distinção dos papéis do legislador e do juiz com base na contraposição entre *programmierende* e *programmierte Entscheidungen* e, a partir daí, nas diferentes «atitudes» que lhes cumpre assumir perante o fenómeno da frustração das expectativas consagradas na lei (respectivamente, *Lernen* e *Nicht-Lernen*), cfr. N. Luhmann, *AöR* 94, pp. 15-24, e, em particular, Idem, *Positivität*, pp. 185-188 e 189-191; de modo análogo, G. Teubner, *O direito como sistema autopoiético*, pp. 203 e ss., esp. 211-214. No mesmo sentido da vinculação à letra da lei, traduzida na defesa de posições que coincidem com as do mais puro normativismo, se encaminham também os penalistas que aderem aos postulados da teoria sistémica: cfr. K. Amelung, *Rechtsgüterschutz*, pp. 367 e ss. (em particular, 370-385) e esp. 393-395, e G. Jakobs, *Strafrecht*², pp. 35 e ss. Para uma crítica a estes autores, cfr. W. Hassemer, *ZStW* 87, pp. 146 e ss. (esp. 161-164), E. Musco, *Bene giuridico*, pp. 103-108, A. Baratta, *DocPen* 8, pp. 3 e ss. (esp. 10-13), e M. Costa Andrade, *Consentimento*, pp. 95 e ss. (esp. 101-105) e 109 e ss. (esp. 116-129).

[166] M. Weber, *Grundriß der Sozialökonomie*, III Abt., § 9.

[167] Cfr., *supra*, texto correspondente às notas 145 e ss.

[168] Cfr. *obs.* e *locs. cits.* nas notas 122 e 165, assim como o texto correspondente.

de que a teoria sistémica-funcional (em particular a concepção correspondente à primeira fase da obra de LUHMANN) leva implicado o estigma da instrumentalização da «pessoa», conduzindo, no plano político-jurídico, a soluções atentatórias da dignidade humana. Nesse sentido, costuma afirmar-se que a pessoa deixa de integrar um fim e se converte num simples meio ao serviço da realização do objectivo supremo de assegurar a funcionalidade do sistema social global. Trata-se de uma crítica muito generalizada[169] e que, no âmbito sociológico, deu lugar à proposta, avançada por H. SCHELSKY, de completar aquela perspectiva sistémica com uma análise *pessoal*-funcional, assente na defesa da integridade e autonomia do homem como valor ou fim último *(Endziel)*, não subalternizável a quaisquer exigências de pura organização social[170].

Não se ignora que algumas aplicações da teoria sistémica ao direito criminal enfermam do vício indicado. Negando à pessoa a qualidade de objecto auto-subsistente da tutela penal, conferem-lhe uma protecção mediata e dependente, tão-só legitimada na parte e na medida em que se revele útil à preservação do sistema social. Nesta óptica, o homem é assumido pelo direito despido da sua individualidade, na exclusiva veste de «operador» dos papéis *(Rolle)* que lhe cabem na estrutura do sistema social, quer dizer, travestido em simples peça ou

[169] Na assinalada crítica convergem autores provenientes de diversas orientações doutrinais; a título meramente exemplificativo, cfr. W. MAIHOFER, *Die Funktion*, pp. 30-32 e 32-34, H. SCHELSKY, *Die Funktion*, pp. 56-57, W. HASSEMER, *ZStW* 87, p. 162, A. CASTANHEIRA NEVES, *Quadro das perspectivas actuais*, pp. 133-141 e 157-161, IDEM, *O problema actual do direito*, pp. 41 e ss., IDEM, *Digesta* III, pp. 260-262, J. FIGUEIREDO DIAS, *Direito processual penal* (polic. – 1988/9), pp. 62-63, IDEM, *Para uma reforma global*, pp. 201-203, F. PINTO BRONZE, *Metodonomologia*, pp. 271 e ss., F. MUÑOZ CONDE, *Derecho penal y control social*, pp. 26-28, 41 e ss. e 121 e ss., e, do prisma da chamada criminologia crítica, A. BARATTA, *DocPen* 8, pp. 3-7 e 21-22, e G. SMAUS, *DDDP* III, pp. 100 e ss., 107-108 e esp. 108 e ss. Na parte em que apenas isenta da aludida objecção a segunda fase da obra de LUHMANN, no mesmo sentido aponta, também, M. COSTA ANDRADE, *Consentimento*, pp. 107-108 (nota 206).

[170] H. SCHELSKY, *Die Funktion*, pp. 37 e. ss., esp. 51 e ss. e 56-57; a propósito da análise pessoal-funcional de SCHELSKY, cfr., *infra*, texto correspondente às notas 179 e ss.

sub-função do mesmo e, portanto, submetido aos objectivos de uma engrenagem que o transcende. O que, envolvendo uma instrumentalização da pessoa, se reflecte no tratamento dogmático de questões nucleares, como a da demarcação do âmbito da incriminação (ilícito-típico), a do entendimento da culpa jurídico-criminal (= simples «derivado da prevenção geral» – G. JAKOBS) e a da definição das garantias do cidadão perante o aparelho repressivo estadual – aspectos que adquirem a expressão mais extremada (e preocupante) na conhecida proposta de um «direito penal do (ou para o) inimigo» *(Feindstrafrecht)*[171].

Semelhante entendimento das coisas não constitui, porém, uma decorrência directa e inevitável da orientação em apreço, envolvendo, inclusive, uma perversão dos seus genuínos significado e alcance. Na verdade, LUHMANN pretende, em primeira linha, fornecer um modelo teorético-analítico dos sistemas de interacção: partindo dos aludidos axiomas da «complexidade» e da «contingência» do universo social e, por outro lado, da «necessidade de ordem» (*i.e.*, de estabilização das expectativas) como elemento conatural da personalidade humana, depara-se com um esquema explicativo que, dentro de uma perspectiva de estrita neutralidade axiológica, se aplica a todas as sociedades do passado e do presente, com indiferença para o facto de consubstanciarem regimes democráticos ou autoritários[172].

[171] Confirmando o exposto, cfr. K. AMELUNG, *Rechtsgüterschutz,* pp. 385 e ss., esp. 388-389, e G. JAKOBS, *Strafrecht*², pp. 8-9, 9-10, 38-39, 41 e (sobre a culpa como «derivado da prevenção geral») 480 e ss. (esp. nm. 22, *in fine*). A propósito da questão em apreço, criticamente, A. BARATTA, *DocPen* 8, pp. 4 e ss., 10 e ss. e 21-22, G. SMAUS, *DDDP* III, pp. 102 e ss., esp. 104 e ss., M. COSTA ANDRADE, *Consentimento,* pp. 105-106 (esp. nota 206) e 126-129, e A. CASTANHEIRA NEVES, *Digesta* III, pp. 268-273.

[172] Cfr., por exemplo, N. LUHMANN, *Soziologische Aufklärung* I, pp. 45 e ss. (esp. 47-48), 167-168 e 193-196, IDEM, *Grundrechte,* pp. 203-205, e IDEM, *Positivität,* pp. 199-202. No sentido do texto, cfr., também, G. TEUBNER, *O direito como sistema autopoiético,* pp. 127-129 e 136-137, e, apontando a neutralidade axiológica e política como uma característica inerente a todas as orientações sistémicas, R. MERTON, *Social theory and social structure,* pp. 91 e ss. e 104, IDEM, *System, change and conflict,* pp. 27 e ss., esp. 30 e 33, e K. AMELUNG, *Rechtsgüterschutz,* pp. 359 e ss., esp. 366.

No contexto de tal quadro de neutralidade axiológica e ideológico-política, afigura-se pois deslocada a vinculação da doutrina a uma assumida funcionalização da pessoa[173], que a reduza à posição de mero instrumento para a prossecução de finalidades que a transcendam. Esta uma questão que, utilizando a terminologia clássica, se prende com a opção *material* entre as tradicionais vias do individualismo, do supra-individualismo ou do transpersonalismo e, por isso, extravasa do plano teorético-analítico a que LUHMANN se atém[174].

E aqui reside, precisamente, o cerne das insuficiências e das fragilidades da tese sistémica-funcional. A verdadeira crítica que cumpre dirigir-lhe reporta-se, em suma, não ao facto de apontar para a mencionada funcionalização da pessoa, mas à circunstância de, em virtude do fechamento aos problemas da legitimação material das soluções, não contemplar quaisquer limites ou defesas que obstem àquela consequência. Conforme se referiu, a recusa de um consenso comunitário como parâmetro de «selecção» das normas de conduta e o apelo para um conceito de justiça identificado com a «adequada complexidade» do sistema jurídico significam, na prática, a ausência de qualquer instância *axiológico-material* de crítica ao direito positivo, cuja definição fica dependente do decisionismo político do legislador[175].

[173] W. HASSEMER, *ZStW* 87, p. 162.

[174] Sobre o assinalado tríptico individualismo/supra-individualismo/transpersonalismo, cfr., por todos, G. RADBRUCH, *Filosofia do direito*, pp. 123-137. De outro lado, sublinhe-se que o exposto não colide com a opinião que atribui à construção de LUHMANN a natureza de um «compromisso prático», *i.e.*, de uma compreensão do direito em que vai implicada a defesa de um particular *modus* para a sua realização, que se caracteriza, nos termos descritos, pelo regresso aos dogmas do positivismo jurídico do primado da lei e da respectiva aplicação no quadro de uma metódica de cariz lógico-subsuntivo, sustentada por uma dogmática de tipo categorial-classificatório (A. CASTANHEIRA NEVES, *Digesta* III, pp. 283-284, 285 e ss. e 298 e ss.). A questão abordada no texto prende-se, todavia, com uma diferente ordem de considerações. A saber, com a neutralidade axiológica e ideológico-política da construção em apreço.

[175] Cfr., *supra*, texto correspondente às notas 105 e ss.

As aplicações ao direito penal constantes das obras de K. AMELUNG e G. JAKOBS, atrás assinaladas, demonstram-no de modo inequívoco[176].

Sem dúvida que, por detrás do formalismo e da neutralidade axiológica da tese de LUHMANN, se vislumbra, nalgumas passagens da exposição, a adesão ao Estado-de-direito e aos valores da democracia[177]. Trata-se, contudo, de um aspecto que não encontra expressão palpável na arquitectura da construção e, por conseguinte, não pode contar-se entre os seus créditos. A título exemplificativo, refira-se o caso paradigmático dos «direitos fundamentais», cuja manutenção o autor faz derivar, não de considerações de validade intrínseca, mas de razões atinentes à simples ausência de alternativas «eficazes» para cumprir a respectiva função, *i.e.*, para garantir a capacidade de diferenciação funcional do sistema e, portanto, a sua operacionalidade instrumental-estratégica de «resolução de problemas»[178].

Mutatis mutandis, considerações análogas aplicam-se, aliás, à própria análise *pessoal-funcional* de H. SCHELSKY[179]. Também colocada no

[176] Cfr. *obs. e locs. cits.* na nota 171 e texto correspondente.

[177] Cfr., por exemplo, N. LUHMANN, *Soziologische Aufklärung* I, pp. 193 e ss., esp. 195-196, IDEM, *AöR* 94, p. 21 e nota 40, e IDEM, *Positivität*, pp. 196-197 e 199-202.

[178] Cfr. N. LUHMANN, *Grundrechte*, pp. 14 e ss. (esp. 18-25) e 201 e ss. (esp. 208-216), e, de forma particularmente impressiva, IDEM, *AöR* 94, p. 19, onde se escreve: «Die funktionale Analyse (...) akzeptiert keine thematische Verpflichtung auf Tradition. Es gibt für sie keine Stoppregeln in der Suche nach anderen Möglichkeiten außer den Grenzen ihrer eigenen Kapazität. Insofern erschwert sie das Entscheiden durch Einbeziehung immer neuer Alternativen. Gerade auf diesem Wege, und nur so, kann sie aber zu den Einsicht führen, dass für gegebene Normen Handlungen Äquivalent die sie in all ihren Funktionen ersetzen könnten nicht gefunden bzw. nur durch Strukturänderungen beschafft werden können, deren Folgen man nicht wollen oder nicht übersehen kann. Nur wenn und soweit die Suche nach funktionalen Äquivalenten freigegeben wird und ergebnislos bleibt, lassen sich vorhandene Ordnungen, *etwa die Institution der Grundrechte*, durch ihre systemrelative Unersetzbarkeit begründen» (itálicos nossos).

[179] Cfr., *supra*, nota 175 e texto correspondente. Para uma crítica à unilateralidade da orientação sistémica-funcional, que transforma o indivíduo em puro «destinatário da norma» *(Normadressat)* e «portador do conflito» *(Konfliktträger)*, quer dizer, na sim-

plano teorético, a assunção da pessoa como um fim último *(Endziel)*, não subalternizável à pura lógica de desenvolvimento do sistema social, adquire um significado tão-só emblemático, insusceptível de fornecer critérios operatórios, tanto ao nível da formulação da lei, como no âmbito das decisões concretas (administrativas ou judiciais).

Com efeito, partindo dos ensinamentos da antropologia científica, em particular das construções de K. Lorenz e W. Craig[180], o autor assimila o núcleo da conduta humana, por oposição ao automatismo da acção instintiva *(Instinkthandlung)* das espécies animais «inferiores», àquilo que designa de «comportamento de apetência» *(Appetenzverhalten), i.e.*, a um agir instrumental-estratégico que, assente num «impulso» *(Antrieb)* inato e *não*-especializado[181], se concretiza numa selecção ou escolha entre vários equivalentes funcionais, finalisticamente orientada para prover às necessidades *biológicas* de autoconservação do indivíduo no confronto com a *Umwelt*. Posto isto, também aqui as normas, as instituições sociais e, de um modo geral, toda a cultura adquirem o carácter de epifenómenos, que consubstanciam o resultado da consolidação histórica de «soluções» na origem adstritas à mera prossecução de necessidades biológicas de autoconservação[182].

ples *marionnette* de um direito apenas adstrito à prossecução de objectivos de pura organização social, cfr. H. Schelsky, *Die Funktion*, pp. 51 e ss., esp. 56-57. Na mesma linha, sobre a necessidade de complementar aquela perspectiva sistémica-funcional com uma análise pessoal-funcional, dirigida à satisfação das exigências decorrentes da «natureza humana», *ob. cit.*, pp. 40-43 e 43-51 (esp. 50-51).

180 H. Schelsky, *Die Funktion*, pp. 63 e ss.; em sentido convergente, com uma referência às concepções de B. Malinowski, A. Gehlen, P. Leyhausen, D. Classens e S. Freud, cfr., *ob. cit.*, pp. 57-63.

181 Na base da aludida *Appetenzverhalten*, e na esteira de K. Lorenz, caracterizando o «género humano» com uma *Neugierwesen*, cujos elementos seriam «especializados na não-especialização» *(Spezialisten auf Nichtspezialisiertensein)*, cfr. H. Schelsky, *Die Funktion*, p. 64.

182 Sobre o processo de «conversão» das necessidades biológicas em necessidades culturais (= imperativos culturais), dando particular ênfase à tese de B. Malinowski, que entende as últimas como necessidades «derivadas», *i.e.*, instrumentais em relação à satisfação de necessidades biológicas básicas (B. Malinowski, *Uma teoria científica*

Os conteúdos axiológicos revestem, por consequência, um carácter fungível. Nos termos da aludida *Appetenzverhalten*, chega-se, pois, a uma concepção de base ontológica, que resume a peculiaridade da vida humana a um conjunto de acções estrategicamente encadeadas com vista à realização de um (qualquer) «fim último» *(Endziel)*, cuja definição pertenceria ao domínio ideológico-político[183]. A este nível se determinaria o «sentido» ou «ideia rectora» *(Leitidee)* da existência individual e colectiva, que passaria a integrar o pano de fundo ou referente *(Bezugspunkt)* das abordagens sistémica-funcional e pessoal-funcional, enquanto perspectivas complementares de análise dos fenómenos sociais[184]. Transportada para o plano do direito – que SCHELSKY define como integrando a actividade livre e consciente de regulamentação e de conformação das relações intersubjectivas –, a tese pessoal-funcional continua a vincular o pensamento jurídico a uma estrita racionalidade instrumental-estratégica, onde o apelo para conceitos como os de «natureza» ou «dignidade humana» surge despido de um conteúdo autónomo e constitui uma simples decorrência (= «função») de opções ideológico-políticas previamente adoptadas[185].

da cultura, pp. 42 e ss., esp. 85-113, 114-123 e 124-134), cfr. H. SCHELSKY, *Die Funktion*, pp. 64-66.

[183] H. SCHELSKY, *Die Funktion*, pp. 67-68, 82 e 85-88.

[184] Confirmando o exposto, SCHELSKY começa por afirmar que a Pessoa *(Mensch)* e o sistema social *(soziale System)* participam de uma «natureza política» *(politische Wesen)* e, assim, integram «unidades políticas» *(politische Einheiten)*, na acepção de entidades que «programam» as suas condutas em obediência a um «fim último» *(Endziel)* ou específico «sentido de vida» *(spezifische «Lebenssinn»)*, assumido por um acto consciente de vontade. A partir daqui, atribui às análises sistémica-funcional e pessoal-funcional um papel subordinado ou instrumental em relação a essa opção ideológico-política, falando, a respeito de qualquer uma delas, de um «conceito político de função» *(politische Funktionsbegriff)* e de uma «análise funcional de programação social» *(gesellschaftsprogrammatische Funktionsanalyse)*. Cfr. H. SCHELSKY, *Die Funktion*, pp. 47-51 e *locs. cits.* na nota anterior.

[185] Cfr. H. SCHELSKY, *Die Funktion*, p. 66, onde, de um ponto de vista antropológico-funcional, se define o direito nos seguintes moldes: «*Recht ist die stets bewusste Rege-*

Sintetizando: SCHELSKY declara que a pessoa não pode ser instrumentalizada em relação ao que se afigura útil à sociedade, mas nada esclarece quanto às exigências que vão implicadas na sua assunção como valor último e não transaccionável. Esta uma questão que, pertencente ao universo da razão prática, se mostra impenetrável aos mecanismos da razão teórica (*rectius*, «pragmática») inerentes a qualquer perspectiva funcionalista e, portanto, à análise pessoal-funcional.

3. A segunda fase da obra de N. Luhmann: o paradigma dos sistemas auto-referentes (autopoiéticos) e as suas repercussões no sistema jurídico

Ao invés do que já se pretendeu, o quadro descrito continua, no essencial, a caracterizar a segunda fase da obra de LUHMANN, marcada pela aplicação aos sistemas sociais das ideias da «auto-referência» *(Selbstreferenz)* e da «auto-reprodução» ou «autopoiese» *(Selbstreproduktion/Autopoiesis)*, inicialmente desenvolvidas por H. MATURANA e

lung und Gestaltung sozialer Beziehungen durch freies und bewusstes Zweckhandeln. (...) Die Bewusstheit des Zweckhandelns zum anthropologischen Kennzeichen des Rechts zu machen, bedeutet, es von allen Formen der ‚Entlastung' außerhalb des bewussten Zweckhandelns zu scheiten: Brauch, Sitten, Konventionen, Gewohnheiten usw. sind keine Formen der bewussten Zweckhandelns, sondern ihre 'Entlastungen' in den Reaktionsbereich unbewusster 'Hintergrundserfüllung'». No carácter de «programação consciente» da vida futura dos indivíduos, *i.e.*, no facto de integrar uma actividade instrumental-estratégica consciente, dirigida à satisfação das necessidades do homem como ser social, residiria, pois, a peculiaridade do direito por referência a outros mecanismos (*v.g.*, usos e costumes, convenções), que só de forma inconsciente (= latente) se encontram funcionalmente adstritos à realização de exigências antropológicas; cfr., *ob. cit.*, pp. 66-68. Para uma caracterização do exposto, a propósito das três *Leitideen* que, segundo o autor, subjazem ao direito quando encarado de uma perspectiva funcional-pessoal *(Gegenseitigkeit auf die Dauer* [1]*; Gleichheit bei Verschiedenheit* [2]*; Integrität und Autonomie der Person gegenüber Organisation* [3]*)*, cfr., *ob. cit.*, pp. 69-85.

F. Varela no âmbito da biologia[186]. Tal como nos primeiros escritos, Luhmann começa por reconduzir o conceito de sistema ao modelo cibernético de um conjunto de elementos que se conexionam entre si de um modo particular e, assim, integram um «corpo com vida própria», quer dizer, uma *unitas multiplex* comandada por regras específicas, que a autonomizam ou diferenciam do ambiente circundante (*Umwelt*).

Por oposição aos modelos cibernéticos tradicionais, o sistema auto-referente não se restringe, contudo, à mera organização das respectivas estruturas, *i.e.*, ao estabelecimento de uma peculiar teia de relações entre «elementos» ou «dados» que se limita a receber da *Umwelt*, como entidades acabadas e auto-subsistentes na sua configuração. Pelo contrário, numa linha que não deixa de evocar as formas *a priori* kantianas e, sobretudo, a versão empirista que delas se encontra na construção de H. Spencer[187], o sistema «cria» a sua própria *Umwelt* e, nessa medida, sintetiza e elabora, à luz de um código auto-referente, a informação recebida do exterior, constituindo, não apenas a estrutura, mas ainda os elementos que a estrutura inter-relaciona[188].

[186] Conforme se assinalou, Luhmann aderiu ao paradigma da auto-referência ou autopoiese nos inícios da década de 1980. Como exemplos de textos que marcam esta viragem, cfr. N. Luhmann, *ZfS* 11 (1982), pp. 366 e ss., Idem, *Rechtstheorie* 14 (1983), pp. 129 e ss., Idem, *ZfS* 13 (1984), pp. 308 e ss., e, em particular, Idem, *Soziale Systeme. Grundriss eine allgemeine Theorie* (1984). Acerca das várias acepções dos conceitos de auto-referência e de autopoiese, cfr. G. Teubner, *O direito como sistema autopoiético*, pp. 34 e ss. e 40 e ss.

[187] Cfr. H. Spencer, *Principes de psychologie* I, pp. 145 e ss. (esp. 160-163), 416 e ss. e 489 e ss. (esp. 500-508).

[188] Sobre o sistema autopoiético em geral, cfr. N. Luhmann, *Rechtstheorie* 14, pp. 131-134, e Idem, *Soziale Systeme*, pp. 15 e ss (esp. 24 e ss) e 30 e ss. (esp. 34-44 e 51-70), e Idem, *Rechtstheorie* 19, pp. 16 e ss. (esp. 19-22). Para uma contraposição com a primeira fase da obra do autor, cfr., por exemplo, Idem, *Legitimation*, p. 41 (*in fine*): também aí se fala de uma *subjektive Weltsicht (= selektive Umweltentwurf)* do sistema; tal selecção assenta, contudo, em «dados»/«elementos» que lhe são fornecidos do exterior como unidades auto-subsistentes, restringindo-se a «criação» do sistema ao respectivo enquadramento em termos estruturais.

No fundo, o que aqui continua a estar em causa é o problema da natureza do «ser». Concretamente, a substituição da concepção coisificadora *(Dingschema)* do realismo clássico por uma compreensão do cosmos como um processo evolutivo, em que se verifica a emancipação de um conjunto de «mundos» autónomos, quer dizer, de «agregados» ou «unidades funcionais» (= sistemas) compostos de elementos *(Elemente)* e relações *(Relationen)* entre esses mesmos elementos, cujo critério aglutinador reside num particular *modus operandi*[189].

Na base de semelhante universo «monadologicamente» estruturado e decomposto em unidades funcionais, os mencionados elementos e, portanto, os concretos «objectos» ou «coisas» *(Dinge)*, longe de representarem entidades auto-subsistentes, constituem o resultado de uma selecção ou «corte» efectuado na realidade por aquele *modus operandi* e, assim, uma criação do sistema. No presente contexto, as «coisas» não existem em si, mas tão-só *para um* sistema[190]. Dado que

[189] Para uma crítica ao aludido *Dingschema*, cfr. N. LUHMANN, *Soziale Systeme*, pp. 42-44, 48-50, 98-99, 108-109 e 122 e ss. Ainda a propósito do exposto, quanto aos conceitos de «relação» e «elemento», cfr. a transcrição constante da nota subsequente.

[190] N. LUHMANN, *Soziale Systeme*, p. 43: «Würde man die Frage stellen, was Elemente (zum Beispiel: Atome, Zellen, Handlungen) ‚sind', würde man immer auf hochkomplexe Sachverhalte durchstoßen, die der Umwelt des Systems zugerechnet werden müssen. Element ist also jeweils das, für ein System als nicht weiter auflösbare Einheit fungiert (obwohl es, mikroskopisch betrachtet, ein hochkomplex Zusammengesetztes ist). ‚Nicht weiter auflösbar' heißt zugleich: da ein System sich nur durch Relationieren seiner Elemente konstituieren und andern kann, nicht aber durch deren Auflösung und Reorganisation» (...) «Theoretisch umstritten scheint zu sein, ob die Einheit eines Elements als Emergenz ‚von unten' oder durch Konstitution ‚von oben' zu erklären sei. Wir optieren entschieden für die zuletzt genannte Auffassung. *Elemente sind Elemente nur für die System die sie als Einheit verwenden, und sie sind es nur durch diese Systeme*» (itálicos nossos); no mesmo sentido, p. 115: «Das Dingschema (und entsprechend: die Auffassung der Welt als ‚Realität') bietet aber nur eine vereinfachte Version der Sachdimension. Dinge sind Beschränkungen von Kombinationsmöglichkeiten in der Sachdimension». Para uma concretização da mesma ideia, no contexto de uma contraposição das auto-referências dos sistemas político e jurídico e, por outro lado, dos sistemas jurídico e económico, N. LUHMANN, *Rechtstheorie* 19, pp. 16 e ss., IDEM, *Das Recht*

este último integra a forma por que a realidade se exprime e, nessa medida, *é* realidade, pode dizer-se que a doutrina em apreço continua a assentar numa metafísica, que traduz, para usar as palavras de LUHMANN, uma concepção auto-referente e evolutiva do «ser»[191].

Afastando, não apenas o ontologismo substancialista, mas também o transcendentalismo kantiano, ancorado na oposição sujeito/objecto e, portanto, na concepção do sistema como simples ordenação mental da realidade segundo categorias *a priori*[192], LUHMANN opera o que convencionou designar-se de «subjectivização do sistema», *i.e.*, adopta uma perspectiva de estrita imanência, assumindo-o como uma entidade *a se,* que comporta, em si mesma, um «código genético» ou princípio constitutivo[193]. O respectivo funcionamento representa a desimplicação de tal código genético, revestindo uma natureza auto-referente.

A partir daqui, o sistema assenta numa base de «dupla-contingência» *(doppelte Kontingenz),* constituindo a sua configuração o resultado das particulares respostas (entre muitas outras possíveis) dadas por aquela auto-referência aos concretos estímulos (entre muitos outros possíveis) que recebe da *Umwelt*[194]. Longe de comportar o mero desenvolvimento de um «plano» *(Planung)* preestabelecido, o sistema cumpre-se num processo evolutivo e aberto, cunhado por uma aleatoriedade que mais não traduz do que a indeterminação ou liberdade do «ser»[195]. A isto se resume a ideia de *autopoiesis*[196].

der Gesellschaft, pp. 165 e ss. (esp. 187 e ss.) e 440 e ss., e G. TEUBNER, *O direito como sistema autopoiético,* pp. 155-156. Sobre o exposto, cfr. D. INNERARITY, *Persona y Derecho* 17, pp. 13 e ss., e (falando das «desontologização» e «destranscendentalização» características do pensamento de LUHMANN) A. CASTANHEIRA NEVES, *Digesta* III, pp. 247-248 e 252-253.

[191] N. LUHMANN, *Soziale Systeme,* pp. 143-147.

[192] Cfr. *obs. e locs. cits.* nas notas 189 e 190.

[193] N. LUHMANN, *Rechtstheorie* 14, pp. 129-131 e 131-134, e IDEM, *Soziale Systeme,* pp. 45-51, 56-57, 58 e 146.

[194] No sentido do texto, N. LUHMANN, *Soziale Systeme,* pp. 45 e ss. e, muito especialmente, a propósito da «dupla-contingência», pp. 148-190.

[195] *Ibidem,* pp. 42, 47, 56-57 e 134-135.

[196] *Ibidem,* pp. 57 e ss., esp. 61-65.

Ao marcar a diferença *(Differenz)* em relação à *Umwelt,* a auto-referência delimita o «mundo» *(Welt), i.e.,* o horizonte de possibilidades *(Möglichkeiten)* que integram o universo de complexidade do sistema, dentro do qual operam os correspondentes mecanismos de selecção *(Selektion)*[197]. Uma vez que as relações com o ambiente exterior passam sempre pelo crivo ou filtro da auto-referência, todos os sistemas integram, para LUHMANN, sistemas «fechados», cujo desempenho se verifica em termos de «auto-contacto» *(Selbstkontakt)*[198]: a propósito de cada conteúdo de informação *(Information)*, quer dizer, de um *novo* estímulo proveniente da *Umwelt,* o sistema assimila-o e «recria-o» na linguagem-código da respectiva auto-referência, dando lugar à constituição de mais um «elemento» e à subsequente reorganização das estruturas[199].

Como se assinalou, aqui reside o cerne da mencionada *autopoiesis,* conceito que se limita a exprimir o processo em que o sistema, ao mesmo tempo que constitui os seus elementos, se repensa e reproduz *(= Selbstreproduktion)* num diálogo constante com a *Umwelt,* que consubstancia a desimplicação de uma matriz auto-referente[200]. Num discurso onde não falta a alusão expressa a Ch. DARWIN[201], depara-se, pois, com uma concepção evolutiva, segundo a qual o sistema configura uma entidade em permanente devir, que encontra no movimento «recursivo» da autopoiese *(rekursive Selbstreproduktion)* – quer dizer, no ininterrupto processo auto-referente de elaboração dos estímulos exteriores e das correspondentes respostas – a sua lógica de desenvolvimento[202].

[197] *Ibidem,* pp. 35-37, 46-49, 55-57 e, a respeito dos chamados «sistemas de sentido», 105-107.

[198] *Ibidem,* p. 59.

[199] *Ibidem,* pp. 57-65 e, sobre a contraposição entre «estrutura» e «processo», 73 e ss. e 102-105.

[200] *Idem.*

[201] N. LUHMANN, *Soziale Systeme,* pp. 56-57. Para uma distinção entre o evolucionismo de Ch. DARWIN e a concepção «evolutiva» inerente à autopoiese da teoria sistémica-funcional, cfr. G. TEUBNER, *O direito como sistema autopoiético,* pp. 112 e ss.

[202] N. LUHMANN, *Rechtstheorie* 14, pp. 131-134, e IDEM, *Soziale Systeme,* pp. 55-57, 57-65, 68-70 e, com uma referência à «temporalização da complexidade do sistema»,

O quadro exposto vale, na íntegra, para os chamados «sistemas de sentido» *(Sinnsysteme)*, categoria onde LUHMANN inclui o sistema psíquico ou consciência *(Bewußtsein)* e, por outro lado, o sistema social[203]. A sua única particularidade reside no facto de poderem interiorizar *(internalisieren)*, *i.e.*, trabalhar internamente com a diferença *System/Umwelt* e, portanto, problematizar os critérios alternativos de selecção susceptíveis de presidir à redução da complexidade[204]. No tocante ao sistema social, a principal modificação observável em relação à primeira fase da obra do autor reside na sua compreensão como um sistema de comunicação *(Kommunikationssystem)*, cujas auto-referência e autopoiese assentam num processo de constituição «múltipla» ou «mutualista» *(System multipler/mutualistischer Konstitution)*[205].

Enquanto sub-sistema social, também o direito surge como um sistema auto-referente, cujo desempenho ocorre em «auto-contacto», subordinando-se ao esquema da «recursividade autopoiética»[206]. No contexto da aludida distinção entre expectativas «normativas» e «cognitivas», depois de reafirmar a vinculação do direito à função da «generalização congruente de expectativas normativas de conduta», LUHMANN sintetiza aquela concepção caracterizando-o como um sistema *fechado* na sua intenção normativa auto-referente, mas *aberto*, do prisma cognitivo, aos estímulos da realidade exterior[207]. Longe de

introduzindo o conceito de «estabilidade dinâmica» *(dynamische Stabilität)* para caracterizar o movimento autopoiético de criação, pelo sistema, dos seus próprios elementos *(= Operation)*, pp. 78-79 e 80-83.

[203] N. LUHMANN, *Soziale Systeme*, pp. 92-98 e, confirmando a aplicação dos quadros gerais da teoria sistémica ao domínio dos sistemas de sentido, pp. 97-147.

[204] N. LUHMANN, *Rechtstheorie* 14, pp. 133-134, 134-136 e 136-138, e IDEM, *Soziale Systeme*, pp. 64-66 e 93-96.

[205] Cfr., *supra*, texto correspondente às notas 49 e ss.

[206] N. LUHMANN, *Rechtstheorie* 14, pp. 135-136 e 138 e ss.

[207] *Ibidem*, pp. 139-143; a este propósito, cfr. também N. LUHMANN, *Soziale Systeme*, pp. 52-53, 63-64 e, em geral, afirmando que toda a «unidade de sentido» comporta uma generalização ou compatibilização das dimensões temporal, material e social,

integrar uma entidade estática, *i.e.*, um modelo acabado e definido *a priori*, a «diferença» do sistema jurídico apenas se actualiza ou densifica no concreto intercâmbio com o ambiente, adquirindo a natureza dinâmica de uma auto-referência «con-corrente» ou «con-comitante» *(mitlaufende Selbstreferenz)*, em cujo conteúdo vai já assimilada a própria ideia da recursividade autopoiética[208].

À primeira vista, semelhante perspectiva parece levar implicada a recondução do pensamento jurídico a uma racionalidade de tipo prático-jurisprudencial, em que a unidade do sistema e, assim, a sua auto-referência se cumpre num movimento (autopoiético) de *creatio continua*, que se consubstancia numa interacção permanente com a *Umwelt*[209]. Aliás, ao menos no plano literal, a utilização de expressões como «autopoiese recursiva», «auto-referência circular» *(zirkulare Selbstreferenz)* e «auto-referência con-comitante» não deixa de evocar algum paralelismo com o «círculo hermenêutico»[210], ou com o processo dialógico de realização do direito subjacente às denominadas orientações jurisprudencialistas ou prático-jurisprudenciais[211]. Nenhuma interpretação se mostraria, porém, mais inexacta.

Na verdade, embora haja representado uma importante evolução do ângulo teorético-explicativo da análise sociológica, a segunda fase da obra de LUHMANN não envolveu alterações significativas no to-

pp. 127-135. Sublinhando, igualmente, o aspecto referido em texto, A. CASTANHEIRA NEVES, *Digesta* III, pp. 244 e ss.

[208] N. LUHMANN, *Rechtstheorie* 14, pp. 136-138 e 139-140; de modo análogo, sobre os sistemas de sentido em geral, IDEM, *Soziale Systeme*, pp. 93-98.

[209] N. LUHMANN, *Rechtstheorie* 14, pp. 136 e 139-140.

[210] Sobre o «círculo hermenêutico», H.-G. GADAMER, *Verdad y método*, pp. 331 e ss., 360 e ss., 378 e ss. e, com uma particular referência ao direito, 389 e ss. e 396 e ss.

[211] Para uma caracterização das orientações jurisprudencialistas ou prático-jurisprudenciais, cfr., por todos, J. ESSER, *Vorverständnis und Methodenwahl in der Rechtsfindung*, pp. 139 e ss, 151-168, 184-188 e 202-213, A. CASTANHEIRA NEVES, *Estudos em homenagem ao Prof. Doutor J. J. Teixeira Ribeiro* II, pp. 153 e ss. e 164 e ss., IDEM, *Quadro das perspectivas*, pp. 162 e ss., IDEM, *Metodologia jurídica. Problemas fundamentais*, pp. 34 e ss. e 70 e ss., F. PINTO BRONZE, *Metodonomologia*, pp. 485 e ss., 543 e ss. e 555 e ss., e IDEM, *BFDC* LXIX (1993), pp. 177 e ss., esp. 182 e ss.

cante à compreensão do direito. A «diferença» do sistema jurídico, *i.e.*, a sua auto-referência permanece adstrita à função da «generalização congruente de expectativas normativas de conduta» e, assim, a uma compatibilização dos horizontes de selecção das dimensões «temporal», «social» e «material» equacionada em termos análogos aos que constam dos primeiros escritos[212]. O autor mantém uma perspectiva de estrita neutralidade axiológica, concebendo a distinção entre expectativas cognitivas e normativas – e, portanto, a contraposição das esferas do «ser» e do «dever-ser» – como uma simples estratégia de redução da complexidade, que se restringe ao objectivo da segurança ou estabilização de uma *qualquer* ordem de expectativas[213].

Ainda a este propósito, nega a possibilidade de um consenso «real» ou «empírico». No quadro de uma construção que continua a assentar numa concepção «atomística» do homem, reconduz a estrutura nuclear *(Kernstruktur)* do sistema social à «dupla-contingência» *(doppelte Kontingenz)* que caracteriza as relações inter-subjectivas, nos termos da qual a determinação das expectativas radica, não em normas ou valores preestabelecidos, mas numa base «mutualista» ou «negociada» de mera composição de «interesses» («Ich tue was Du willst, wenn Du tust, was ich will»; «Ich lasse mich von Dir nicht bestimmen, wenn Du Dich nicht von mir bestimmen läßt»)[214]. Ao mesmo tempo que integra um pressuposto da autopoiese (= evolução) do sistema social[215], a natureza formal daquela dupla-contin-

[212] Cfr. N. Luhmann, *Rechtstheorie* 14, pp. 147-148, Idem, *Rechtstheorie* 19, p. 25, Idem, *Soziale Systeme*, pp. 114 (nota 37), 428 e ss. (esp. 436-443 e 444-452) e 509-512, e Idem, *Das Recht der Gesellschaft*, pp. 131 e ss.

[213] Cfr. N. Luhmann, *Rechtstheorie* 14, pp. 138-139, e Idem, *Rechtstheorie* 19, pp. 25-26; no presente contexto, cfr. também Idem, *Soziale Systeme*, pp. 139-141, 179 e ss., 436-443 e 509-512, e Idem, *Das Recht der Gesellschaft*, pp. 133 e ss. Por outro lado, na linha do exposto, pondo em evidencia a perspectiva de estrita neutralidade axiológica que subjaz à análise dos sistemas de sentido, Idem, *Soziale Systeme*, pp. 98 e ss., 107 e ss. e 146-147.

[214] N. Luhmann, *Soziale Systeme*, pp. 148-190 (esp. 153-177 e 182-190) e 443.

[215] Sobre a dupla-contingência, enquanto «autocatalizador» *(Autokatalysator)* da evolução de qualquer sistema social e, assim, como elemento de «destautologização»

gência, *i.e.*, o seu alheamento do processo de definição do conteúdo material das concretas expectativas afasta, desde logo, qualquer analogia com as correntes prático-jurisprudenciais acima indicadas.

No presente âmbito, as normas ou valores comunitários, enquanto generalizações simbólicas das selecções operadas no quadro da aludida dupla-contingência, constituem *negotiated identities* que, por seu turno, se cristalizam numa *negotiated order* de carácter convencional e fungível[216]. A respectiva consolidação fica a dever-se, apenas, aos mecanismos do hábito ou repetição sociais e, assim, a uma sedimentação que ocorre na «dimensão temporal» e ganha corpo nos lugares comuns assumidos pela atitude conformista, mais não traduzindo do que um acrítico consenso «aparente» ou «ficcionado»[217].

De outra parte, em face do fenómeno da diferenciação funcional das modernas sociedades industriais, a insuficiência de um tal consenso ficcionado como parâmetro de selecção das normas jurídicas faz com que o autor remeta a tarefa para a aludida «institucionalização da função institucionalizadora de expectativas»[218] e, nessa medida, assuma o Estado como «unidade de imputação do direito» *(juristische Zurechnungseinheit)*. Na falta de um critério de legitimação material, a solução equivale, porém, a uma rendição ao decisionismo político do legislador[219].

(Enttautologisierung) da auto-referência mutualista em que assenta a autopoiese do sistema social, assumido na veste de um «sistema de comunicação» *(= Information, Mitteilung, Verstehen)*, cfr., *supra*, texto correspondente às notas 49 e ss.

216 N. LUHMANN, *Soziale Systeme*, p. 176.

217 N. LUHMANN, *Soziale Systeme*, p. 166-169, 173-177, 179-182 (esp. 181 e nota 46) e 184-186, e G. TEUBNER, *O direito como sistema autopoiético*, pp. 93-94.

218 Cfr., *supra*, texto correspondente às notas 105 e ss.

219 Cfr. N. LUHMANN, *Soziale Systeme*, pp. 451-452, 510-511 e 627, e, muito especialmente, IDEM, *Das Recht der Gesellschaft*, pp. 424-426, onde se escreve (pp. 424-425): «Wahrend von Rechtssystem aus gesehen die Rechtsstaatsformel eine grandiose Tautologie ist (um nochmals zu zitieren: 'the law and the rule cover the same ground'), wenngleich eine 'trotzige', gegen politische Übergriffe gerichtete Tautologie, ist vom politischen System aus gesehen *das Recht ein Instrument der Ermöglichung und Verwirklichung politische Ziele.* (...) Obwohl das Recht in dieser Hinsicht autonom funktioniert,

Acresce que, no âmbito do entendimento do direito como um «sistema de resolução de conflitos» (e das respectivas normas como «programas condicionais»), continua a afastar a «racionalidade final» *(Zweckrationalität),* de tipo instrumental-estratégico, atendo-se ao modelo categorial-classificatório da assinalada dogmática «relacional-funcional»[220]. Nos termos expostos, esta mais não consubstancia do que uma *Wertrationalität* vinculada à aplicação lógico-subsuntiva das opções «valorativas» condensadas nas disposições legais. Longe de significar uma mudança no sentido da adopção de um método de cariz prático-jurisprudencial, também a este nível a ideia da autopoiese em nada alterou a situação anterior. Bem vistas as coisas, aquela autopoiese circunscreve-se ao momento da sucessão de leis ou, quando muito, da substituição (ou modificação) da estrutura categorial-classificatória que preside à dogmática relacional-funcional, transformando a interacção do sistema jurídico com a *Umwelt* num processo «aos saltos», em tudo diverso do movimento de *creatio continua* inerente à racionalidade prático-prudencial.

Por fim, não parece que a última formulação da tese de LUHMANN se furte à crítica, atrás enunciada, de que não dispõe de defesas contra soluções que, no plano jurídico, conduzam a uma instrumentalização da pessoa e se revelem atentatórias da dignidade humana[221]. Sem dúvida que LUHMANN equaciona as relações entre os sistemas «psíquico» e «social» em termos de «interpenetração» *(Interpenetration)*[222]. Com este conceito pretende exprimir uma conexão de recíproca dependência, em que – no exercício da capacidade de *Internalisierung,*

also nur tut, was er selbst tut, ist es neben dem Geld der Wirtschaft die wichtigste Bedingung der Möglichkeit, *Politik zu machen, das heißt politisch zu entscheiden, welches Recht gelten soll»* (itálicos nossos).

220 N. LUHMANN, *Rechtstheorie* 14, pp. 143-146 (esp. 144-145) e 151-154, IDEM, *Rechtstheorie* 19, pp. 24-25, IDEM, *Das Recht der Gesellschaft,* pp. 195 e ss., 387 e ss. e 479 e ss. (esp. 486), e G. TEUBNER, *O direito como sistema autopoiético,* pp. 211-214.

221 Cfr., *supra,* texto subsequente à nota 168.

222 Sobre o conceito de «interpretação», desenvolvidamente, N. LUHMANN, *Soziale Systeme,* pp. 286 e ss.

i.e., de operar internamente com a diferença *System/Umwelt*, peculiar dos «sistemas de sentido»[223] – qualquer daquelas unidades funcionais actualiza para si mesma a outra, na especificidade da sua matriz auto-referente. Dito de modo diverso: se a auto-referência traduz a «unidade» da diferença *System/Umwelt*[224], nas hipóteses de «interpenetração» o segundo termo deste binómio adquire um especial protagonismo; cada um dos sistemas «interpenetrados» confronta-se com um pedaço da *Umwelt* que, por seu turno, também se apresenta estruturado em termos de sistema, observando-se, a partir daí, um condicionamento recíproco ao nível da própria diferença *System/Umwelt* e, assim, das respectivas autopoieses[225].

De harmonia com o exposto, o espaço da interacção humana passaria, nas palavras do autor, a consubstanciar um universo «mutualista» ou de «esquematismo binário» *(binäre Schematismus)*, assente na compatibilização das auto-referências «psíquica» e «social», *i.e.*, de dois sistemas que, embora autónomos, mutuamente se limitariam e condicionariam[226]. Longe de integrar um «elemento» do sistema social, subordinado ao correspondente programa de desenvolvimento, o indivíduo representaria, nestes termos, um sistema auto-subsistente, cujo destino se cumpriria na aventura de uma autopoiese em que se assumiria como um fim em si mesmo, não subalternizável à heteronomia de quaisquer objectivos que o transcendessem[227].

Em sintonia com o que se observou a propósito da primeira fase da sua obra, o alheamento de LUHMANN em relação aos problemas da fundamentação axiológico-material das soluções – aliado a uma concepção que adscreve o sistema jurídico à realização das opções políticas do legislador, através de uma metódica que se pretende de cariz lógico-subsuntivo – converte as afirmações do parágrafo precedente

[223] Cfr. *obs. e locs. cits.*, *supra*, nota 204, assim como o texto correspondente a esta última.
[224] N. LUHMANN, *Rechtstheorie* 14, pp. 139-140, e IDEM, *Rechtstheorie* 19, pp. 22-23.
[225] N. LUHMANN, *Soziale Systeme*, pp. 290-296.
[226] *Ibidem*, pp. 296-300, 300-303 e 311-317.
[227] *Ibidem*, pp. 288-289, 296-300, 311-317, e IDEM, *Rechtstheorie* 19, p. 27.

num discurso vazio de conteúdo. Para todos os efeitos, o direito constitui um sub-sistema social, que só compreende a correspondente *Umwelt* e, portanto, a pessoa (= sistema psíquico) à luz da sua *Selbstreferenz*. Quer dizer, na veste de mero «operador» dos papéis *(Rolle)* que desempenha ao serviço de puros fins de organização social. Em si mesma, a pessoa consubstancia, pois, algo de impenetrável *(black box)* pelo sistema jurídico, não se percebendo, a partir daí, como possa integrar um limite aos desígnios instrumentais-estratégicos, ancorados em critérios de pura «eficácia», em que assenta a autopoiese do sistema social.

O que se afirma radica, em definitivo, na incapacidade da perspectiva sistémica-funcional para atribuir um *autónomo* «núcleo material de sentido» ao conceito de pessoa e, em consequência, à ideia da dignidade humana. Na expressão de LUHMANN, a palavra pessoa *(Person)* representa um simples «artefacto» *(Kunstgriff)* destinado a designar algo cuja existência se «pressente», mas que, na essência, se mostra impossível de conhecer ao nível da interacção. Mais não representa, por isso, do que uma criação do próprio sistema social[228]. Aspecto que torna nítida a falácia subjacente ao aludido «esquema binário» ou «mutualista» e parece confirmar o bom fundamento da objecção acima enunciada[229].

Ao estilo de conclusão, o grande reparo que se afigura de mover à construção de LUHMANN (e constitui, aliás, a matriz de todos os outros) prende-se com o facto de lhe presidir uma redução empírico-causal da realidade. Ou seja, deriva da circunstância de assentar num monismo ontológico de índole empírico-causal, que nega autonomia à dimensão axiológica e cultural da vida humana (atribuindo-lhe uma natureza tão-só epifenoménica), com a consequente substituição da razão prática por uma «razão pragmática» subordinada a parâmetros

[228] A respeito do ponto em apreço, cfr. o que se escreveu, *supra*, nota 60.

[229] Cfr., *supra*, texto correspondente à nota 221.

de pura eficácia e, em último termo, vinculada a objectivos de autoconservação biológica[230]. Aí radica, em definitivo, o fulcro da «despersonalização da Pessoa» ínsita à tese de LUHMANN e de que as demais críticas consubstanciam simples projecções.

O desenvolvimento do problema acabado de referir ultrapassa, no entanto, os limites do presente estudo, que apenas deseja sintetizar os traços essenciais da concepção sistémica-funcional de NIKLAS LUHMANN, enquanto mero ponto de partida para os que pretendam aprofundar o tema[231]. Isto posto – e porque aquela questão convoca mundividências e «verdades de adesão» –, interrompo aqui a exposição.

Recorro a um lugar paralelo e sigo a lição da parábola de G. E. LESSING (*Nathan der Weise*, 3. Aufzug, 7. Auftritt – 1779): um pai, que possui um anel com uma opala que torna quem o use agradável aos olhos de Deus e dos homens, encomenda duas réplicas perfeitas do mesmo, que mistura com o original, distribuindo-os pelos três filhos; mais tarde, quando os últimos litigam sobre qual o autêntico, e na impossibilidade de descobri-lo, um juiz sábio exorta-os a «que cada um se empenhe, com constância, em mostrar a força da sua pedra»[232]. Voltando às «verdades de adesão» e à ideia de Pessoa, deixo também a cada um o encargo de fazer vingar a força das respectivas convicções. No que me toca, a preocupação esgota-se, por hoje, em determinar se esta minha pedra constitui homenagem bastante a um querido Professor e Amigo.

230 A propósito do exposto, no tocante à primeira fase da construção de LUHMANN, cfr., *supra*, texto subsequente à nota 2 e, também, *obs. e locs. cits.* nas notas 4, 5 e 15; quanto ao segundo período da obra do autor, ver *obs e locs. cits.* nas notas 32 e 44, assim como o texto correspondente. De modo análogo, a respeito da teoria *pessoal*-funcional de SCHELSKY, cfr. texto correspondente à nota 182.

231 Cfr., *supra*, a nota de «Apresentação».

232 «Es strebe von euch jeder um die Wette, / Die Kraft des Steins in seinem Ring an Tag / Zu legen! (...)»; como alternativa à versão livre do texto, veja-se a de L. CABRAL DE MONCADA na tradução da obra de G. RADBRUCH, *Filosofia do Direito*, p. 58: «que cada um se esforce, à porfia, por mostrar a força da pedra do seu próprio anel».

BIBLIOGRAFIA CITADA

AMELUNG (K.) – *Rechtsguterschütz und Schutz der Gesellschaft,* Frankfurt-am--Main, 1972.

BARATTA (A.) – «Integración-prevención: una ‚nueva' fundamentación de la pena dentro de la teoría sistémica», *DocPen* 8 (1985), pp. 3 e ss.

CASTANHEIRA NEVES (A.) – «A unidade do sistema jurídico: o seu problema e o seu sentido», *Estudos em homenagem ao Prof. Doutor J. J. Teixeira Ribeiro* II, número especial do BFDC, 1979, Coimbra, pp. 153 e ss.

— *Metodologia jurídica. Problemas fundamentais,* Coimbra, 1993.

— *Quadro das perspectivas actuais da compreensão da juridicidade* (polic.), Coimbra, 1995.

— *O problema actual do direito. Um curso de filosofia do direito* (polic.), Lisboa, 1995.

— «O Funcionalismo Jurídico. Caracterização fundamental e consideração crítica no contexto actual do sentido da juridicidade», *Digesta. Escritos acerca do direito, do pensamento jurídico, da sua metodologia e outros,* Volume III, Coimbra, 2008, pp. 199 e ss.

COSTA ANDRADE (M.) – *Consentimento e acordo em direito penal,* Coimbra, 1991.

— «A 'dignidade penal' e a 'carência de tutela penal' como referências de uma doutrina teleológico-racional do crime», *RPCC* 2 (1992), pp. 173 e ss.

ESSER (J.) – *Vorverständnis und Methodenwahl in der Rechtsfindung,* Frankfurt--am-Main, 1970.

FEYERABEND (P.) – «Comment être un bon empiriste. Plaidoyer en faveur de la tolérance en matière épistémologique», *De Vienne à Cambridge. L'héritage du positivisme logique de 1950 à nous jours* (Essais choisis, traduits et présentés par P. JACOB), Paris, 1980, pp. 245 e ss.

FIGUEIREDO DIAS (J.) – «Para uma reforma global do processo penal português. Da sua necessidade e de algumas orientações fundamentais», *Para uma nova justiça penal* (Ciclo de conferências do Conselho Distrital do Porto da Ordem dos Advogados), Coimbra, 1983 [cit.: *Para uma reforma global*].

— *Direito processual penal* (polic. – lições coligidas por MARIA JOÃO ANTUNES), Coimbra, 1988/9.

— *Direito penal português. Parte geral*, Tomo I, *Questões fundamentais. A doutrina geral do crime*, 2.ª ed., Coimbra, 2007.

FIGUEIREDO DIAS (J.)/COSTA ANDRADE (M.) – *Direito penal. Questões fundamentais. A doutrina do crime* (polic.), Coimbra, 1984.

GADAMER (H.-G.) – *Verdad y Método. Fundamentos de una hermenéutica filosófica* (trad. do alemão de ANA AGUD APARICIO/R. AGAPITO), Salamanca, 1979.

GOULDNER (A.) – «Reciprocity and autonomy in functional theory», *System, change and conflict* (N. J. DEMERATH III/R. A. PETERSON, edts.), New York/ /London, 1967, pp. 141 e ss.

HABERMAS (J.) – *Theorie des kommunikativen Handelns*, Band I/II (Handlungsrationalität und gesellschaftliche Rationalisierung/Zur Kritik der funktionalistischen Vernunft), 2. Aufl., Frankfurt-am-Main, 1982.

— *Der phisophische Diskurs der Moderne*, 4. Aufl., Frankfurt-am-Main, 1988.

HABERMAS (J.)/LUHMANN (N.) – *Theorie der Gesellschaft oder Sozialtechnologie – Was leistet die Systemforschung?*, Frankfurt-am-Main, 1979.

HASSEMER (W.) – Recensão a K. Amelung, Rechtsguterschutz und Schutz der Gesellschaft ..., *ZStW* 87 (1975), pp. 146 e ss.

INNERARITY (D.) – «La ilustración sociológica de Niklas Luhmann», *Persona y Derecho* 17 (1987), pp. 11 e ss.

JAKOBS (G.) – *Strafrecht. Allgemeiner Teil. Die Grundlagen und die Zurechnungslehre. Lehrbuch*, 2. Aufl., Berlin/New York, 1993.

KISS (G.) – *Grundzüge und Entwicklung der Luhmannschen Systemtheorie*, 2. Aufl., Stuttgart, 1990.

KUHN (Th.) – *The structure of scientific revolutions*, second edition, enlarged, Chicago/London, 1970.

— «Les notions de causalité dans le développement de la physique», *Les théories de la causalité* (M. BUNGE/F. HALBWACHS/Th. S. KUHN/J. PIAGET/L. RESENFELD, edts.), Paris, 1971, pp. 7 e ss.

— *A tensão essencial* (trad. do inglês de R. PACHECO e rev. de A. MORÃO), Lisboa, 1989.

LISZT (F. VON) – «Ueber den Einfluβ soziologischen und anthropologischen Forschungen auf die Grundbegriffe des Strafrechts» (1903), *Strafrechtliche Aufsätze und Vorträge*, II Band, Berlin, 1905, pp. 75 e ss.

LUHMANN (N.) – *Funktionen und Folgen formaler Organisation*, Berlin, 1964.

— «Funktionale Methode und juristische Entscheidung», *AöR* 94 (1964), pp. 1 e ss.

— *Grundrechte als Institution. Ein Beitrag zur politischen Soziologie*, Berlin, 1965.

— «Positivität des Rechts als Voraussetzung einer moderner Gesellschaft», *Jahrbuch für Rechtsoziologie und Rechtstheorie*, Band I – *Die Funktion des Rechts in der modernen Gesellschaft* (R. LAUTMANN/W. MAIHOFER/H. SCHELSKY, Hrsg.), Bielefeld, 1970, pp. 175 e ss.

— «Zur Funktion der ‚subjektiven Recht'. Positivität des Rechts als Voraussetzung einer moderner Gesellschaft», *Jahrbuch für Rechtsoziologie und Rechtstheorie*, Band I – *Die Funktion des Rechts in der modernen Gesellschaft* (R. LAUTMANN/W. MAIHOFER/H. SCHELSKY, Hrsg.), Bielefeld, 1970, pp. 321 e ss.

— *Rechtssoziologie* 1/2, Reinbek-bei-Hamburg, 1972.

— «Gerechtigkeit in den Rechtssystemen der modernen Gesellschaft», *Rechtstheorie* 4 (1973), pp. 131 ss.

— «Die Funktion des Rechts: Erwartungssicherung oder Verhaltenssteuerung?», *Die Funktionen des Rechts – ARSP, Beiheft neue Folge* (L. LEGAZ Y LACAMBRA, Hrsg.), Wiesbaden, 1974, pp. 31 e ss.

— *Rechtssystem und Rechtsdogmatik*, Stuttgart/Berlin/Köln/Mainz, 1974.

— *Soziologische Aufklarung. Aufsätze zur Theorie sozialen Systeme*, Band 1/3/6, Opladen, 1974-1995.

— *Legitimation durch Verfahren*, 2. Aufl., Darmstadt/Neuwied, 1975.

— «Autopoiesis, Handlung und kommunikative Verständigung», *ZfS* 11 (1982), pp. 366 e ss.

— «Die Einheit des Rechtssystems», *Rechtstheorie* 14 (1983), pp. 129 e ss.

— «Die Wirtschaft der Gesellschaft als autopoietisches System», *ZfS* 13 (1984), pp. 308 e ss.

— *Soziale Systeme. Grundriss einen allgemeiner Theorie,* Frankfurt-am-Main, 1984.

— «Die Codierung des Rechtssystems», *Rechtstheorie* 17 (1986), pp. 171 e ss.

— «Die Lebenswelt - nach Rucksprache mit Phänomenologen», *ARSP,* vol. LXXII/Heft 2 (1986), 2. Quartal, pp. 176 e ss.

— «Positivität als Selbstbestimmtheit des Rechts», *Rechtstheorie* 19 (1988), pp 11 e ss.

— *Das Recht der Gesellschaft,* Frankfurt-am-Main, 1995.

MAIHOFER (W.) - «Die Funktion des Rechts in der Gesellschaft», *Jahrbuch für Rechtssoziologie und Rechtstheorie,* Band I - *Die Funktion des Rechts in der modernen Gesellschaft* (R. LAUTMANN/W. MAIHOFER/H. SCHELSKY, Hrsg.), Bielefeld, 1970, pp. 13 e ss.

MALHERBE (J. F.) - *La Philosophie de Karl Popper et le positivisme logique,* Namur, 1979.

MALINOWSKI (B.) - *Uma Teoria científica da cultura* (trad. do original *A scientific theory of culture and other essays* de JOSÉ AUTO e revisões de ROSA M. RIBEIRO DA SILVA e MOACIR G. S. PEREIRA), 2.ª ed., Rio de Janeiro, 1970.

MERTON (R.) - «Manifest and latent functions», *System, change and conflict* (N. J. DEMERAH III/R. A. PETERSON, edts.), New York/London, 1967, pp. 9 e ss.

— *Social theory and social structure (enlarged edition),* New York/London, 1968.

MUÑOZ CONDE (F.) - *Derecho penal y control social,* Jerez, 1985

MUSCO (E.) - *Bene giuridico e tutela dell'onore,* Milano, 1974.

PARSONS (T.) - *An outline of social system,* Puerto Rico, 1961.

— *The social system,* London, 1967.

— *The structure of social action* I/II, New York/London, 1968.

PARSONS (T.)/SMELSER (N. J.) - «The primary sub-systems of society», *System, change and conflict* (N. J. DEMERAH III/R. A. PETERSON, edts.), New York/London, 1967, pp. 131 e ss.

PINTO BRONZE (F.) – *Metodonomologia entre a semelhança e a diferença*, Coimbra, 1994.

— «Breves considerações sobre o estado da questão metodonomológica», *BFDC* LXIX (1993), pp. 177 e ss.

POSNER (R. A.) – *Economic analysis of law*, 4. ed., Boston/Toronto/London, 1992.

RADBRUCH (G.) – *Filosofia do Direito* (trad. do alemão de L. CABRAL DE MONCADA), 6.ª ed., Coimbra, 1979.

SCHELSKY (H.) – «Systemfunktionaler, anthropologischer und personfunktionaler Ansatz der Rechtssoziologie», *Jahrbuch für Rechtssoziologie und Rechtstheorie*, Band I – *Die Funktion des Rechts in der modernen Gesellschaft* (R. LAUTMANN/W. MAIHOFER/H. SCHELSKY, Hrsg.), Bielefeld, 1970, pp. 37 e ss.

SOUSA SANTOS (B.) – «Law: a map of misreading. Toward a postmodern conception of law», *JLS* 14 (1987), pp. 279 e ss.

SPENCER (H.) – *Principes de psychologie* I/II (trad. do inglês de Th. RIBOT/A. ESPINAS), Paris, 1875.

TEUBNER (G.) – *O direito como sistema autopoiético* (trad. do alemão de J. ENGRÁCIA ANTUNES), Lisboa, 1989.

WEBER (M.) – *Grundriß der Sozialökonomie*, III Abteilung – *Wirtschaft und Gesellschaft*, Tübingen, 1922.